古典力

藤 孝
Takashi Saito

岩波新書
1389

はじめに——古典力のすすめ

古典は時代を超えて敬愛されてきた。あるいは、時の流れの試練に耐えて、敬愛されてきたもの、それが古典である。

この本での古典は古文ということではない。思想・哲学科学等さまざまな領域で人類の遺産と呼べるような著作のことだ。自分自身の支えとなるような本もまた自分にとっての古典といえる。

「とにかく古典を読みなさい」と人々はいい続けてきた。古典には難解な部分や時に退屈な部分も含まれている。時代が違うのだから、感覚がずれるのも当然だ。だから、名前は知っていても、「敬して遠ざける」距離感で、読まずにいる人も多い。

古典は、玄米やするめに似ている。かめばかむほど味が出る。味わうには、しっかりアゴを使ってかまなければならない。それがめんどうだと感じれば、どんどんやわらかい食べもの（読みもの）へと流れていく。すると、いっそうかむ力は弱くなり、アゴも小さくなってくる。これが進めば、離乳食のようなやさしい文章しか受けつけなくなる。

古典を読むと、本を読みくだく「読むアゴ」が鍛えられる。少々の難解さや退屈さには耐えることができるようになる。この、アゴのトレーニングを人生のどこかの時期に行なうことで、生涯「精神の栄養」には不自由しなくなる。一度なじんだ古典は、再読、再々読するときにコストパフォーマンスがいい。読みなれて楽になるのに、吸収できる栄養はふえていく。

読み返すごとに、以前気づかなかったところに気づく。これが古典を読む楽しさだ。くり返し読む価値のある本が古典の名にふさわしい。

古典を読むのには、コツがある。単に古文、漢文を勉強するのとは違うコツがある。このコツをつかんでしまうと、古典がいよいよ味わい深くなり、いろいろな時代・さまざまな領域の本を「古典として読む」ことができるようになる。

＊

この本でいう古典力とは、「古典の文法を覚える」という意味での古文の学力ではなく、名著を自分の古典として日々の生活や思考に生かす力のことである。

古典力は、「古典化する力」であると同時に、古典についての知識があることを含む。ある程度の知識をいわゆる古典について持っているのは、有益だ。「古典の素養がある」というのは「教養がある」ための必須条件でもある。世界中の様々な古典に関して一通り知っていることで世界観が広がる。

「ある程度知っている」ことで対話も発展する。「ヴェーバーの『プロテスタンティズムの倫理と資本主義の精神』でありますよね」と言われてまったく知らないのでは会話が止まる。そこで、「あー、あの天職、ベルーフが出てくるのですよね?」とか「禁欲がむしろ資本主義を発展させたって話ですよね」と反応できると、話は展開する。必ずしもすごく詳しくなくてもいい。「ある程度知っている」ことが、古典力としては大切なのだ。

世界中で教養の基本とされているものを知らないのでは、教養の程度だけではなく、人格までが疑われかねない。人生のある時期に集中的に古典に触れておくことは、生涯にわたる財産となる。

大学一、二年生は教養課程としてカリキュラムを組まれていることが多いが、まさにその時期は古典力を鍛錬するのに適している。大学に入学したならば専門の学問を一年から優先すべきだという意見もあるが、私は古典力の養成こそ最優先の課題だと考えている。

名著五〇選(+五〇選)を読むべき古典として第三章に紹介したのも、若い人たちに古典力を意識してもらいたいからだ。もちろん古典はこの百冊に限られるものではない。領域ごとに何十冊と古典はある。第三章では「知らないと恥ずかしいと思われる」本を選んだ。もちろん内容的にも意義深いものばかりである。これを一つの案内として古典力を向上させてほしい。

iii　はじめに

本書では「古典」を、いわゆる古文のみでなく、世界の古今の名著の意味で使っている。プラトンの『ソクラテスの弁明』やデカルトの『方法序説』は、人類の古典といえるだろう。現在の私たちにとって欠くことのできない基盤となっている書物、文化にとって至宝といえる価値を持つ書物を古典と捉えたい。

時代的に古いというだけでは、ここでいう古典には充分ではない。歴史の中で評価され、現在もその価値を失わないもの、人々によって偉大さを認められたもの、時代を画する意義を持ったもの。そうしたものが古典である。

ビートルズの楽曲は、時代的には半世紀前程度だが、すでにポップスの古典となっている。ポップスの歴史の中で不可欠の存在、その後のポップスに大きな影響を与えた存在ということだ。ポップスのように比較的歴史の短いものの中でも古典を選ぶことができる。ジャズの中でも、「モダンジャズの古典」といえるアルバムを、ジャズファンの共通認識に基づいて、ある程度の妥当性をもって選ぶことができる。

映画の世界でも、たとえばチャップリンの映画やヒッチコックのサスペンス映画が古典であることは、多くの人が認めるだろう。『戦艦ポチョムキン』(エイゼンシュテイン監督)は、モンタージュという手法を映画の基本文法として定着させた点で不滅の古典といえる。模倣され、アレンジされればされるほど、その作品の古典性は高まる。

マンガやアニメといった新しいジャンルでも、すでに古典と呼べる作品が蓄積されている。ジャンルごとに古典はある。スポーツマンガというジャンルだけとっても、『スポーツマン金太郎』を皮切りに、『巨人の星』『あしたのジョー』『キャプテン翼』『スラムダンク』といった作品は、知名度や影響力といった点で古典の地位を得ている。その時々の人気だけでなく、そのジャンルでの新たな手法や新たな常識、スタンダード(基準)を作り出したかどうかが、古典の条件となる。

*

古典は、そのジャンルに詳しい人たちによる共通認識によっておよそ認定されるものであるが、「自分自身にとっての古典」というものもある。他の人はさして注目していなくとも、自分にとっては絶対的な価値を持つ作品は「マイ古典」といえる。そのジャンルの歴史を渉猟し、その中から「マイ古典」を見つけ出す作業は楽しい。「発掘」する喜びがある。「自分にとっての古典といえる作品はどれだろうか」という問いかけを念頭に置いて作品を吟味すると、味わい方がぐっと積極的になる。

古典というと、「どこかの専門家が勝手に決めて押しつけてくる古くさいもの」というイメージを抱きがちな人は、「マイ古典」という観点でラインナップを作成してみると、古典力が新鮮に刺激されるだろう。好きという感覚だけで選択すると「マイベスト」にとどまるが、そこに歴史的意義や影響力といった古典性を基準として取り入れると、観点が変わってくる。

好き嫌いという感覚的な選択基準以外に、広く見渡した上で総合的にリスペクトできるかどうかという知性的な選択基準を持つことは成熟につながる。

本書でおすすめする古典力とは、古典とされているものを一通りわかっていること、優れた作品を自分の古典、「マイ古典」として深く吸収すること、そして古典をアレンジしたり、引用したりして、クリエイティブな活動へと活用するところまで「古典化」することを含んでいる。

「古典という観点」を持つことで、より広く見てみよう、読んでみようという積極的な学びの姿勢が身についてくる。好き嫌いだけなら、ほんの少しの作品しか知らなくても言えるが、古典となるともっと広い知識が必要となる。自分の好き嫌いだけで判断していると、世界が狭くなり、判断基準が偏りがちになる。世界を広げ、判断基準を柔軟にしてくれるのが、「古典という観点」なのだ。

古典を身につけ、活用するためのコツを以下で述べたい。本書を読み終えた時に「古典」という言葉が刻みこまれ、古典を次々に読みたくなっていてほしいと願っている。

目次

第三章　マイ古典にしたい名著五〇選

第一章　古典力を身につける

今、なぜ古典力が必要なのか

精神の核を形成する力——古典力

この本で「古典力」という耳慣れない言葉をあえてタイトルに据えて世に訴えるのは、今この時代にこそ古典を活用する力が必要だと考えるからだ。

インターネットの発達により情報環境は激変した。私たちが日々接する情報量は増え続け、膨大な量の情報処理を仕事でも求められるようになってきている。

世界中の知識、情報にアクセスできる環境は整ってきた。しかし、一人ひとりの教養がたしかな充実したものになってきたか、ものごとの判断力は向上したか、生の不安を乗り越えて生き抜いていく強い精神力を身につけたかといえば、少々心もとない。

「検索すればあらゆる情報が引き出せる」という安心感は、ともすれば知を自分の身についたワザとして捉えにくくする。諸々の情報は自分の外側に膨大な水量の大河となって流れていて、その川の水(情報)を必要に応じてすくって使う。いらなくなれば川に戻す。これは大変便利だが、自らの精神の核を形成することにはなりにくい。

精神の核といえるものを自分の身のうちに形成するためには、出会いが必要だ。「この出会いがなければ今の自分はない」といえる出会いは、現実の生活においては実感しやすい。しかし、この質の出会いを本との関係で持つには、読む側の構えが求められる。便利に使い捨てできる情報と接するのとは異なる、こちらの体重をかけた読みの構えが出会いの質を高くする。

古今東西の名著とされる書物には、精神の核を形成してくれる力、生命力がある。しかし、その生命力は、堅い殻におおわれた種子のようなものだ。殻を破り、種子を土壌で育てる必要がある。その作業は骨が折れるようだが、人生という長さで見るとコストパフォーマンスは、むしろいい。この精神の作業をなす力が古典力だ。

妥当性の足場をつくる

情報の新陳代謝の速度が急速に上がってきた現代において、古典はむしろ価値を増してきている。移り変わる表層の景色に目を奪われ、「自分は大丈夫なのか」と不安になり浮き足立つ。そんな時、百年、千年の時を超えて読み継がれてきた書物を読むことで、「ここに足場があった」と自信を持つことができる。

絶対の真理などはないのかもしれない。しかし、かなりの程度「妥当」だと思える考え方はある。ニュートンの力学は、アインシュタインの相対性原理によって唯一無二の絶対性は失ったかもしれないが、妥当性は維持している。非ユークリッド幾何学にとってユークリッドの『原論』は古典だ。約二千五百年前の『論語』は人間の本性の変わらなさや持つべき心のあり方について、相当程度の妥当性をいまだに持ちつづけている。

古典を数多く自分のものとすることで、この「妥当性の足場」をたしかなものにしていくことができる。一つの古典でも、読み込み方が深ければ、この世を生き抜くための助言を、その中から数多く見つけることができる。素手で地中深くに埋まっている宝石をつかみとろうとする勇気と粘りに応じて、宝石の量は増す。

本書では、一冊の本を深く読み、自分にとっての古典を持つための方法とともに、複数の、できれば五〇冊程度の古典を持つ方法を提案したい。というのは、精神のバランスこそが、人間にとって、これからの世界にとって必要だと考えるからだ。

グローバルに情報が行き交うようになってはきたが、民族間、宗教間、国家間の緊張は必ずしも緩和していない。価値観の多様性を受け容れる知性の力が、他者に対する寛容さとなる。

世界はこれから、他者理解に基づく寛容さの方向に行くのか、それとも理解を拒絶した不寛容の方向に行くのか。この方向性を左右する重要な鍵が古典力だと私は思う。

多様な価値観を理解し受容するには知性が求められる。数々の古典を自分のものとしていくことで、この知性が鍛えられる。自分の好き嫌いや快不快だけで判断せず、背景や事情を考え合わせ、相手の考えの本質をきちんと理解する。この深みのある思考力が知性だ。

古典を読むと、思考に深みが出てくる。骨太な思考力、想像力が古典の中には埋まっている。それをかみくだくように読み込んでいくと、読むこちらの思考も掘り下げられてくる。深い思考のテキスト（書物）は、思考の垂直的な深さの感覚を刺激してくれる。日常の思考は他愛もないことが多い。他愛もないことを語り合い、メールし合うのは人生の大切な楽しみではあるが、それが生活の大半を占めているのでは、深みのある思考力が育ちにくい。

古典は、その一つひとつが強烈な個性で屹立している。それぞれの古典は自分の足で立ち、自らがその思考の根拠となっている。要するに、小手先の借り物では亜流でしかなく、時の審査に耐えて「古典」と認められることはない。

古典はみな本来強烈な個性で極彩色に光輝いている。しかし、時が隔たっていたり、著者の思考が深すぎたりして、現代の私たちの感覚からすると、むしろ地味に見えてしまいがちだ。しかし、これは錯覚である。

近年の研究で、寺院の仏像や壁画の中には、実は極彩色であったものがあることが明らかにされた。CG（コンピュータ・グラフィック）で復元されたその様子は地味なものというより、日常では目にしないほど鮮やかな色で、極楽浄土への希望を感覚的に呼び起こすものであった。あるいは壮厳さで胸をかきたてる刺激的な存在であった。

古典力は、この復元作用に似ている。ほこりをかぶったように見える古典を現代のテキストとして読み直すことで、色が鮮やかによみがえる。自分の問題に引きつけて古典の文章を読むことで距離が縮まる。時の隔たりが一挙に縮まる感覚は、古典ならではの興奮だ。

新訳による再発見

現在日本では古典新訳ブームが起こっている。現代の感覚に合った訳で古典を読みやすく、という傾向は、時代が古典を求めていることの表れだ。

日々情報にあふれかえり、早い速度で過ぎ去る日常の中で、「もっとたしかなものに触れて落ちつきたい」、「自分の拠りどころとなるものに出会いたい」という思いが、多くの人の胸に湧いているのだろう。その湧きあがる、不安とあこがれの入りまじった思いを受け止めてくれるのが、古典だ。

二〇〇六年から新訳として出版された亀山郁夫訳の『カラマーゾフの兄弟』が百万部を超える大ベストセラーになったことに、私は大きな希望を感じた。すでに優れた訳が複数ある状況で、世界最高の小説とされる長大な作品がミリオンセラーになるとは、ドストエフスキーも驚くであろう奇跡だ。長年の研究に基づいた優れた新訳によって古典に現代の息吹が吹き込まれる。古典は何度もよみがえるのだ。

訳を複数読み比べることで、古典の姿がより明確になる。「この訳が自分にはぴったりだ」と思える訳に出会えた時の喜びは大きい。読み比べができる、充実した出版文化の現状に感謝しつつ、古典の不滅の生命力に改めて驚嘆する。

古典は、読者が一人で静かに向き合うことの多い相手ではあるが、研究者による手引きがある方がより深い理解に至りやすい。研究が進むと、古典に新たな解釈が加わり、その古典の評価も変化する。百年以上高く評価されずに埋もれていた本が名著として見直され、古典の仲間入りをしていくケースは稀ではない。

古典に対して予備知識を持たずに、まっさらな状態で出会うのも、もちろん意味はある。先入見を持たずに古典の原文そのものから受ける印象を素直に積み重ねていくことで、「自分の読み」を深めていくやり方もある。

しかし、実際には古典の名著の中には難解なものや現代的な解釈が必要なものが多いので、手引きとなる解説は基本的に有益だ。偏りを避けたい場合は、立場を異にする複数の解説を参考にすればいい。解説によっておよその内容理解を進めておいた上で、古典そのものの「味読《みどく》」、文字通り味わいつつ読む段階に入るとストレスが少ない。

古文を味わう場合も、原文をいきなり読むのが敷居が高いのなら、現代語訳を先に読んで意味を把握した上で原文を味わう順序で読むと読み進めやすい。古文のテストではないのだから、無理をする必要はない。ある程度意味がわかっていた方が、落ちついて原文の良さを味わうことができる。私は小学生に古文を教えるときには先に現代語訳を言ってから、みんなで原文を音読することにしている。そのあと、「現代語訳と原文とどっちが好き?」と聞くと、全員が「もとの文章の方がいい」、「なんかかっこいい」と答える。子どもたちにも原文の魅力はしっかり伝わるのだ。

古典はパッション!

現代語訳は便利な手引きだが、音読したり、くり返し読んだりする性質のものではない。くり返し読み、覚えてしまうものとしては、古典そのものがふさわしい。古典には、古今東西の偉大な人々の肉声がこもっている。その肉声を聞きとるには、自分の体を通して読むのがいい。

古い書きことばであるのに、あるいは翻訳であるのに「肉声」という表現はピンとこない、という人もいるかもしれない。しかし実際に古典と呼ばれる名著に直接触れてみると、「肉声」と表現したくなる個性の強さを感じる。今そこにその偉大なる人間がいて、本質を心から心へと伝えようと尋常ならざるエネルギーをことばに込めていると感じてしまう。エネルギー量が並外れているので、時代を超えて「肉声」のように文が語りかけてくるのかもしれない。

この圧倒的なエネルギーを浴び、心身の奥にそのエネルギーを蓄積することが古典を読む大切な意義だ。意味の枝葉末節にとらわれず、エネルギーを感受する。思考の骨太な元型を学ぶ。感情の大きなうねり、パッションの燃えさかりに触れて、なにかしら生命力の火種が自分の中に生まれる。そんなエネルギーの伝播が、古典力の本質だ。

教養として古典に関する一通りの知識を持っておくという作業とともに、パッション・エネルギーを感受し、自分の中に強力な援軍を得る体験をするのが、古典を読むということだ。古典のほこりを払い、あるいは解凍して、内なる生命力をよみがえらせる。その「肉声」再生の作業をどう行なったらいいのか。次に、古典力を身につけるコツ十カ条を提案したい。

古典を読むための十カ条

第一条　一通りの知識を事前に得る

「古典はすばらしいものだから、事前に先入見を持たずに自力で向きあえ」、という言い方は、まちがっているとはいえないが、実際にはある程度その古典について知っている方が読みやすいし、吸収もいい。

その古典の歴史的意義がわかっていると、一文一文の重みがちがって感じられる。わかりにくかったり、もどかしかったりするところも、意義がわかっていれば耐えやすい。意義は一つではない。解釈する人によって意義は異なることもある。意義が多様であることも、偉大な古典の特徴だ。

古典の本に付いている解説を先に読んでもいいし、他の解説書を見たりインターネットで検索してみてもいい。その古典をこきおろしている批評よりは、積極的意義を見出している解釈を読む方が、当然意欲が湧く。マイナスのイメージをあらかじめ持ってしまうと、良いものであっても吸収しにくい。

たとえば正岡子規が『歌よみに与ふる書』で、「貫之は下手な歌詠みにて『古今集』はくだらぬ集にこれあり候」と批評しているのをうのみにして、「『古今集』は読まなくていいんだ」と思ってしまうのは早計だ。子規は王朝風の和歌を大胆に批判し、『万葉集』を持ち上げることによって、元気のなかった短歌に新たな活力を与えようと意図していた。大きな狙いがあって批判しているのであり、古今集はだめだという認識だけを受け取っても意味がない。「では、万葉集の生命力を感じとってみよう」と万葉集に向かえば生産的だ。子規の文章自体がすでに古典であるから、その意義を理解することによって、生産的な読みができる。

多様な解釈を許す「ふところの深さ」が古典の良さだ。古典に対するいろいろな解釈を自分の中で消化しつつ、古典をより深く味わうようにしたい。

古典の持っている宝の数々は、地表には出ていない。地中に埋まっている宝石の原石に近い。「そこにこんな宝が埋まっているよ」と教えてもらえば、そこを掘りかえして宝を見つけることができる。完全に自力で宝を見つけることもあり得ないわけではないけれど、先人たちが発見してきた宝のありかの地図を手に携えていく方が、確実に、しかも多様な宝に出会えるだろう。

第二章では、古典を活用した先人の実例をとり上げ、古典力のすばらしさを実感してもらいたいと思っている。「古典とどのように出会い、宝物を見出していくか」を先人から学ぶことで、古典の読み方が深まると考えている。

第二条　引用力を磨く

古典力最大のポイントは、引用力にある。会話中にその文脈に合った古典の言葉を引用できれば、会話の質が格段に上がる。エッセイのような文章を書くときにも、古典からの引用を文脈に組み込むと、文章が締まるし、読んでいる人の知的刺激にもなる。

しかし、実際には古典の引用を自在にできる人は少ない。なぜか。そもそも古典を読んでいないということももちろんあるが、「引用できるようにしよう」という明確な狙いを持って古典に接していなければ引用力は身につかないからだ。ここで「引用力」という造語を今あえて使うのも、身につけるべきワザとして引用を意識化してほしいと思うからである。「なんとしても引用したい文を見つけよう」と思って読むと、読む際の積極性が格段に高まる。

私は、大学の授業で、読んできた本を紹介し合う時間を設けている。四人一組で順番に発表していくのだが、「引用を必ず一文以上話に組み込んで紹介すること」という条件を付けてから、「紹介の質が高くなった」、「読み方が深まった」という感想が増えた。

自分の感想だけでなく、引用文を入れることでプレゼンテーションの質が高まる。その本が具体的にわかると同時に、その一文を引用文として選んだところに引用者の個性も表現される。

「好きな文を選ぶ」という作業は、自分と本（著者）とを関わらせる意識を高める。「なぜほかの文ではなく、その一文なのか」、「なぜ自分はその一文から刺激を受けたのか」と考えると、本の理解とともに、自己理解も深まる。ドストエフスキーの『罪と罰』や三島由紀夫の『金閣寺』を大学生と読むときも、各人に「好きな文ベスト3」を挙げてもらうと、そのセレクトの仕方にその人らしさが表れる。

引用文があると、たとえ紹介するプレゼンテーション全体の質が高くなくとも、「少なくとも名著の印象的な一文に出会えてよかった」と思ってもらえる。スピーチなどでも、古典からの引用が組み込まれていると締まりが出る。自分が選んだ古典の一文があれば、平均水準以上が確保できる。

感想文のグレードアップにはこうする

引用力を高めると、読書感想文も書きやすくなる。まず引用したい文を三つ（三カ所）ほど選ぶ。そして、「なぜ自分はその文に惹かれたのか」、「その文とつながる自分の経験はあるか」と考える。するとそれだけで、自分とその本との間につながりができる。そのつながりが三つできれば、感想文として材料がそろう。そして三つに共通するようなキーワードを多少強引にでも見つけ出してタイトルにすれば、筋の通った感想文になる。

最初から一つのテーマで考えすぎると単調になることが多い。三つの文を引用することで広がりが生まれる。引用文を選ぶときには、論理というより感覚で選ぶ方が、自分自身にとっても「気づき」のある感想文となりやすい。「なぜこのばらばらに見える三つの文を自分は選んだのだろうか」と、自分の内側を探っていくと、感想は深まる。

書き手の「気づき」のある感想文は読み手にとっても面白い。感覚という魚群探知器で探し出した魚を、論理という網でしっかりつかまえる、そんなイメージだ。感想文を書きながら、「なるほど、だから自分はこの三文を引用したくなったんだな」とわかる。そんな「気づき」の興奮が、読書感想文の醍醐味だ。その興奮は読み手に伝わる。気づきの興奮のない感想文は生命力に欠ける。引用文の絞り込みが気づきを引き出す。

古典と呼ばれる名著の場合、引用する価値のある文章にあふれている。選び方のセンスを気にしすぎることはない。ピンとこない文だと思われても、主たる責任はもとの著者にある。引用する側に責任が生まれるのは、その引用をする文脈が的外れでないかということだ。原著の文脈を無視していないか、自分の文脈にその引用文がフィットしているか。この二つをチェックすればいい。

文脈を捉える力を「文脈力」と名付けるとすれば、この文脈力は、引用を習慣化することによって向上する。引用文を介して二つの文脈を同時に意識することになり、読解力が高まる。

引用をつねに意識し習慣化すると、客観的な内容把握力と主観的なセンスの両方を相乗的に高めることができる。『走れメロス』を例にとれば、「メロスは激怒した」、「私は、信頼に報いなければならぬ。いまはただその一事だ。走れ！　メロス」、「信じられているから走るのだ。間に合う、間に合わぬは問題でないのだ」、「おまえらは、わしの心に勝ったのだ。信実とは、決して空虚な妄想ではなかった」といった文は、物語全体にとって重要なものだ。小学生たちもこのあたりの文を引用文として選ぶことが多い。一方で、「メロスには政治がわからぬ」という一見何気ない一文を選ぶ子もいた。「なぜその一文？」と一瞬思ったが、しかし改めて引用されてみると、この一文もメロスの人となりを端的に表現していると気づいた。

重要なところを選ぶ読解力と自分の好みで自由に選ぶ感性を、二本の線路を走る二つの列車のように並行的に鋭敏にすることが、引用力のめざすところである。

引用力を高める具体的なコツは、少しでも自分のアンテナが反応したら、そのページの下の端を折ること。引用したい度が高い場合は上の端も折っておく。そうすると後ですぐに見つけられる。その文を色ボールペンでチェックした場合でも、折っておいた方が見つけやすい。

気に入った文は、すぐに人に話す。話すと記憶に残りやすい。話をすると自然に自分なりの文脈にその引用文を組み込むことになり、いっそう記憶に残り、その後何度でも引用可能なストックになる。ブログ等に引用するのもいい。他の人にとって親切な上に、引用者にとっても知的資源となる。現在は友だち同士のメールがコミュニケーションの主たる手段になっているので、メールに今読んでいる本の引用を入れることで、引用文のストックができる。

この場合は文脈を考えすぎず気楽にやればいい。古典からの引用であれば、文脈がとりたてでなくても、相手にとって有益なことばの贈り物になる。

引用なくして読書なし。引用力なくして古典力なし。

こう覚悟するだけで、読みが深まる。

第三条　さかのぼり読み——古典の影響を読み取る

「いきなり古典そのものを読むのは敷居が高い」と思う人は多い。古典力は必ずしも、大もとの大古典を読破しなくとも身近に感じることができる。古典の影響をさまざまなものに見ることで、古典力が身についてくる。

古典は単独峰ではない

「影響力」は古典の基本要素だ。たとえば、『論語』や『聖書』、『ギリシア神話』の影響力などは大きすぎて文化全般に関わっている。「影響」という観点をワザとして身につけると、古典の面白さ、威力がくっきりとわかる。

たとえば、世界的な大ヒット映画『スターウォーズ』(一九七七年)を観て興奮したとする。インターネットや本などで、もう少し詳しく調べてみる。すると、監督のジョージ・ルーカスがインタビューで、この映画が黒澤明の映画『隠し砦の三悪人』(一九五八年)の影響を受けていると語っているのが見つかる。冒頭やラストのシーンが似ているだけでなく、レイア姫は雪姫を、C-3POとR2-D2は太平と又七をモデルとしている。『隠し砦の三悪人』は『スターウォーズ』によっていよいよ古典化した。そして、『スターウォーズ』自体がその後の映画に与えた影響の大きさから、すでに古典といえる。

また太平と又七のコンビは、狂言の太郎冠者と次郎冠者がもとになっている。狂言という日本の古典が黒澤作品を介して『スターウォーズ』にまでつながっているとわかると楽しくなる。『スターウォーズ』から黒澤、そして狂言へとさかのぼって見てみたくなる。

影響関係をさかのぼってたどる。この作業を実践すると古典にたどりつく。取りつく島のないように見えた古典に自然な興味が湧く。作品間のつながりがわかっていくことで興味もつながる。古典は孤立した峰ではない。影響力があるからこそ古典とされる。古典は川の源泉だ。支流からさかのぼれば古典に行き着く。古典に行き着くルートはあちらこちらにある。「さかのぼり読み」を心がければ、古典に自然になじんでいける。

たとえば村上春樹の世界的ベストセラー『1Q84』を読んだとする。タイトルのもとになったジョージ・オーウェルの近未来小説の古典『一九八四年』を「さかのぼり読み」してみる。すると、人間の自由を奪う偏狭な観念の排他的な力というテーマが見出されるかもしれないし、「なぜQなのか」、「なぜあからさまな本歌取りのようなタイトルづけをしたのか」、「オーウェルの近未来社会とここで描かれる日本社会の異同は?」といった疑問が改めて湧いてきて、楽しくなる。

また『1Q84』で引用されるチェーホフの作品を読んだり、ヤナーチェックの曲を聴いたりすることで作品の奥行きが広がる。『1Q84』には多くの引用があり、引用力がどういうものかを教えてくれる。古典の引用力はクリエイティブな力であることがわかる。

多数の古典への道が魅力的に示されているという点で、『1Q84』は極めて良質な古典教育の書でもある。『1Q84』を読んだという行為を孤立させずに、さかのぼり読みによって作品間の連峰を踏破する。

影響関係は、クリエイティブな作品ほど単純ではない。底流でどうつながっているのかを読み解くことで、古典と新しい作品の両方の読解が深化し、魅力が増す。

好きな作家がリスペクトする古典を読む

村上春樹にとってのドストエフスキーの作品は、古典としての位置を占めている。村上は、自らがめざす総合小説の代表として『カラマーゾフの兄弟』を挙げている。村上のいう総合小説とは、さまざまな世界観を一つの作品の中につめこみ絡み合わせることで、新しい世界観が浮かび上がってくるような小説だ。そうした作品のスタイル全体のモデルとしての古典、作品の本質的性格の先行者としての古典として『カラマーゾフの兄弟』が位置づけられているということだ。

すでに横尾和博『村上春樹とドストエーフスキイ』という本も出ているが、両作家の関係を考察することで、作品理解も深まる。村上春樹のファンになったら、ドストエフスキーの世界へとさかのぼる。そうすれば古典に入っていきやすい。自分の好きな作家や批評家がリスペクトしている古典は、興味も持ちやすいし、さかのぼりやすいだろう。村上春樹に「世の中には二種類の人間がいる。『カラマーゾフの兄弟』を、読破したことのある人と読破したことのない人だ」とまで言われたら、村上ファンならずとも、『カラマーゾフの兄弟』読破へのモチベーションが上がるはずだ。

「影響という観点」を持つと、古典への道が急速に増える。『カラマーゾフ』への道は、数えきれないくらいある。もう一つ例を挙げると、伊坂幸太郎の『陽気なギャングが地球を回す』の中に出てくる、外から車の中の人を閉じこめる車グルーシェニカーは、『カラマーゾフ』において超絶的魅力を放つヒロイン、グルーシェニカにちなんでいる。このネーミングから、『カラマーゾフ』が伊坂にとっての大切な古典であることがわかる。伊坂のドストエフスキーに対するリスペクトの意識に影響を受けて、つい『カラマーゾフ』を読んでしまう素直さが、古典力を伸ばす。「リスペクトの道」をたどれば、古典は身近なものとなる。

裏地としての古典

一つの名作には、多くの古典が潜んでいる。名作を残すほどの作家ならば、必ず古典の素養を身につけている。それが血となり肉となり、作品の質を高める。また、読者へのサービスとしての謎とき問題のように古典を潜りこませる場合もある。一粒で何度でもおいしくなるという工夫だ。表に出る文章の裏地として古典をぜいたくに使っているとも表現できる。

「裏地としての古典」の魅力に満ちている名作に、モンゴメリの『赤毛のアン』がある。アンのついほほえみたくなるキャラクターの魅力によって、またアニメ化によって、日本の多くの子どもたちに愛されている名作だが、原文は子ども向けではなくヴィクトリア朝の大人向けの文体で書かれ、シェイクスピア劇、英米詩、聖書などの古典からの引用にあふれている。

松本侑子訳『赤毛のアン』の「訳者によるノート——『赤毛のアン』の秘密」を読むと、古典裏地のぜいたくぶりに驚く。レイチェル、マシュー、マリラといった登場人物の名前は聖書ゆかりのもので、アンが自分の名前であってほしかったという「コーデリア」は『リア王』にちなんだものだ。「ブルータスの胸像を奪い取られたシーザーの行列は、前にも増して、ローマ最上の人の不在を思い起こさせた」という一文の出典をめぐって、訳者の松本氏はシェイクスピアの『ジュリアス・シーザー』、ギボンの『ローマ帝国衰亡史』を探すが見つからず、アン関連の注釈本からついにバイロンの詩の一節であることを突き止める。研究者たちの努力によって古典の裏地の豊かさが示されると同時に、モンゴメリの古典愛も示される。

松本氏はあとがきでこう書いている。「『赤毛のアン』には、古くは古代ローマにまでさかのぼる英米文学の長い歴史の中で、さまざまな詩人たちが書き残した情熱が、ゆたかにこめられていることを感じていただきたい。数千年もの文学の伝統の厚みが、この一冊にこめられていることに、訳者として何度も感動を覚えた」。この言葉は古典力の魅力を教えてくれる。

古典は、情熱の華である。そして、その情熱は連鎖し、堆積し、新たな古典を生み出す。

古典が古典を生み出す。このダイナミズムにひとたび気づけば、古典の創造性に目が開かれる。研究者の手を借りて、古典力のすごみと面白さに目覚めることで、名作の楽しみ方が深まり、そして人生観が培われる。

古典への「さかのぼり読み」は、人間の精神が受け継がれることで豊かになってきたことを教えてくれる。精神とは、個人のものではなく、精神の伝統そのものである。こうした認識は、人類に対する信頼感を高め、その精神を受け継ぐ者としての自分自身に対する自尊感情を高めてくれる。

「古典への道」をさかのぼり、古典をリスペクトすることは、自分自身を尊重することにつながっているのだ。古典力は、人類の精神の伝統を受け継ぐ者の一人として自分自身を認識することで加速度的に伸びる。

古典力を身につければ、自然に自己肯定感が増してくる。

第四条　パラパラ断片読み――全部を読もうとしない

気楽に古典にいざ取り組もうとするときに、注意したいのは、力まないということだ。精読で読破する、というのはもちろん立派なことだが、はじめに力みすぎると挫折もしやすい。

まずは肩の力を抜いて、パラパラとページをめくる。そして、偶然出会った文章に心をとめ、そこから何らかの刺激を受け取る。パラパラ読みをすることで、リラックスして感性が目覚め、刺激を受けやすくなる。名著にひれ伏すのではなく、自分にとって刺激があるかどうかで断片を楽しむ。

「神は細部に宿る」という言葉があるが、古典の断片にはエッセンスが宿っている。生物の細胞の一つひとつにDNAがあるように、断片にも、その古典の精神のDNAを感じることができる。

「全体の流れを理解した上でないと細部の意味はわからない」という考え方は誤っているわけではないが、これから古典に親しみたいという者を萎縮させかねない。「断片でも自分に突き刺さる文と出会えたならば、それだけでも意味がある」と考える方が積極的になれる。

「全部読まなくては」という強迫観念めいた思い込みから解放されて、パラパラと断片を拾い読みすると、古典との距離が縮まる。

全体把握を優先させると、解説書を先に読もうとして、古典そのものに行きつかないケースもある。ともかくも古典そのものを買ってきてパラパラめくり、少しでもいいと思ったら色のボールペンで囲いこんでしまう。これでマイ古典にぐっと近づく。断片読みは、野生的知性を目覚めさせる。

内田義彦は『社会認識の歩み』の中で、断片との出会いの大切さを強調している。マキアヴェッリの『君主論』を題材にしている章で、あえて思想の要約、解説をせずにいくつかの断片を提示し、読者と出会わせる。マキアヴェッリがどの時代のどんな人物かということには触れずに、『君主論』という古典の文を直接読者に読ませる。読者は先入見なしに、マキアヴェッリの言葉そのものと出会い、考えることになる。

内田は、「まず断片、断片を身につまされる形で知る、そこから始めるべきであります」、「自分で考えてゆくために本を読むという場合、少なくとも、さしあたって断片が、直接自分にどう突きささってくるかが問題であります」と言う。もちろん全体の要旨の理解や体系的な読みを否定するわけではないが、古典そのものに自分で触れて、考えることこそが、古典を読む姿勢として大切だという考えだ。

偶然の、運命の出会いを求めて

内田の言葉には力があるのでもう少し引用したい。「全体の筋に気を取られるよりも、そのなかのどれか一句でもいいから、とにかく自分と出会うというか、自分に突きささってくる章句をまず自分で発見すること。これがいちばん肝要です。つまり個個の断片を全体につなぐ前に、むしろ全体からある断片を取り出してその断片を自分につなぐ」、「自分の眼の働き」をにぶらせるな、「一句を自分で発見するという肝心の訓練」がなおざりにされているのではないか、「断片を自分の眼で読むことは一つの賭け」だ、という内田の熱い主張に触れると、断片読みが古典の読み方のコツの一つであるというよりは、古典との出会い方の基本であると思えてくる。

つまり肝心なのは、自分を関わらせて古典を読むということだ。まずは、誤読を恐れず、自分の眼と感性を信じて言葉と出会う。突き刺さってきた言葉を手がかりに自分を掘り起こす。自分と古典の著者とが直接触れ合う感覚が、断片読みによって目覚める。

セレンディピティ(serendipity)という言葉がある。何かを探しているときに、別の何か価値のあるものを見つける力といった意味を持つ。古典のパラパラ読みは、このセレンディピティの力を実感させ、向上させてくれる。とくにその言葉を探していたわけではないのに、その言葉を偶然見つけてみると、まさに今の自分のためにある言葉だとしか思えない。古典をパラパラ読みしていると、こんな思いを抱くことがよくある。

古典の文章は、突き刺さってくる力にあふれている。どの文がだれにどう突き刺さるかはわからない。「えっ? その文がそんなに突き刺さったの?」と授業で驚くこともよくある。「どんな感じで突き刺さってきたの?」とつい聞いてしまう。すると、その学生さんから面白いエピソードが出てくることが多い。みんなが知っている章句よりも、だれも気にとめなかった文の方が、独特な深い刺さり方をするようだ。「この文のすごさがわかるのは自分だけだ」とでもいいたくなる個人的な親密さで、文と結ばれている感覚だ。

パラパラ読みによる、印象的な断片の発見は、セレンディピティ感覚を磨き、この感覚は人生全般において強力な味方となる。パラパラ読みは、「セレンディピティ読み」でもある。

第五条　我田引水読み——自分の経験に引きつける

古典力のコツは、遠い存在に思える古典を身に近いものとして感じるようにすることだ。この身近感は共感によって生まれる。古典の一節に「自分の経験でもこれはある！」と共感できれば、一気に距離は縮まる。

この「あるある感」が古典読みのポイントだ。しかし、古典は時代状況が異なるものなので、工夫が必要だ。多少無理やりにでも自分の経験に結びつけてしまう強引さがほしい。我田引水というと、自己中心的なように思えるが、強引にでも経験に引きつけ古典との距離を踏み越える勇気を表現するため、あえて「我田引水読み」と名付けてみたい。自分が今生きて経験を蓄積している世界(田)へと古典(水)を引き入れるのだ。田の水と違って、古典の源泉は、自分が大量に引き入れたとしても減ることはない。

共通項目を探す

とにかく、何でもいいから古典の一節と自分の経験を結びつけてみる。私は大学の授業で「自分の経験、あるいは現代のことと絡めて、古典のその言葉の魅力を一分で語ってください」という課題を出す。具体的なエピソードが加わると、古典の言葉が生気を得てよみがえる。自分の経験でなくても現代社会で起こっていることでいい。肝心なのは、自分が今生きている世界と「結びつける」という心の習慣を身につけることだ。

自分に突き刺さってくる断片を発見する力と、自分の経験に引き寄せて読む習慣はつながっている。古典の読者のうち学者はごく一部であり、ほとんどの人は古典研究ではない仕事をし、自分自身の人生を生きている。その人ごとに経験世界がある。古典の存在がなくても人生は進んでいくだろう。しかし古典を経験世界に結びつける習慣があれば、経験の意味が豊かになり、決断に覚悟が生まれもする。時空を隔てているからこそ、共感に驚嘆の念が加わり、心の支えにもなる。

ヤマザキマリさんの漫画『テルマエ・ロマエ』は数百万部のベストセラーとなり映画化もされたが、その大ヒットの核心は、「大の風呂好き」という共通点で、古代ローマと日本の風呂文化を時空を超えて結びつけたところにある。この作品は、ヤマザキさん自身がヨーロッパで長年生活するうちに浴槽でゆったりできる風呂がアパートに付いていないことに不満を持ったことが、創作の動機の一つになっている。フィレンツェで十一年間油絵を学んでいた経験やイタリア人の夫が「ローマ皇帝の名前を全員言えるほどの古代ローマおたく」であったこともあり、時空を超える傑作ギャグ漫画が生まれた。

一点でもいいからつながる共通点が発見できれば、距離は縮まる。古代ローマの人々と現代の日本人が全体として類似性が高いわけではなくとも、「風呂好き」という共通点で突破してみれば、妙に親近感が湧いてくる。古代ローマ世界という水を一気に現代日本の田に引き入れる「我田引水」的な強引さが、新たな目を開かせてくれたといえる。

ずらし読みで生まれる気づき

たとえばプラトンの『対話篇』を読み、ソクラテスたちの対話に触れたとする。魂が不滅かどうかなどの議論の主題に直接的な関心が持てなくても、ソクラテスの対話術からコミュニケーションのヒントを得ることはできる。「ソクラテスの対話法から、ビジネス・コミュニケーションのコツを必ず一つは読み取ること」という課題を出されたならば、かなりのビジネスパーソンは一つや二つは発見できるはずだ。相手に「沿いつつずらす」話し方や、前提を確認するやり方など、課題がはっきりしていれば、急に見えてくるものがある。

現代の世界に必ず結びつけるという課題意識を明確に持てば、その観点で古典を読むようになり、気づきが生まれやすくなる。

『源氏物語』から、モテるための秘訣を読み取ることも、華やかさの陰の悲哀を学ぶこともできる。司馬遷の『史記』から人心掌握術や上司への対応の仕方、仕事への心構え、苦境におけるアイディアの生み出し方などを読み取ることも、「引きつける」という課題意識があればできる。

「気づき」はなんとなく生まれるものではなく、「引きつける課題意識が反復によって心の習慣（ワザ）となり生まれる」ものだ。まずは「とにかく一つでも自分の経験と結びつける」という強い思いを持って、古典を開く。せっかく古典の海に潜るのであれば、なんとか一文をつかみ取って浮上してくる。そんな思いが古典を身近にしてくれる。

ではここで一つ課題を。「ゲーテの「青年は教えられるより、刺激されることを欲する」（『ゲーテ格言集』高橋健二訳）という言葉と自分の経験を結びつけて一分で話してみてください」。

第六条　つかり読み——作品世界にどっぷりつかる

古典の正統的な理解の仕方としては、先ほどの「我田引水読み」とは逆に、私たちの世界に引き寄せるのではなく、別の世界のものとしてその古典のワールドを理解するというやり方がある。私たちの感覚はあくまで現代のものであり、歴史的に形成されたものだ。その古典が成立した時代とは感覚が異なり、経験の意味も当然異なる。

いわば異世界である古典の世界を無理に現代に引き寄せず、むしろその世界に没入する読み方もまた古典力だ。

日常をカッコに入れて

たとえば、『史記』や『平家物語』には、現代の感覚からすれば理不尽と思える死が出てくる。それを残酷だと決めつけてしまえば、作品世界を味わえない。現代的な感覚をスイッチオフにして、作品の世界観に自分をしたがわせると、味がしみてきやすい。

現象学などでは先入見や思い込みを保留してみることを「カッコに入れる」と表現したり、エポケー(判断中止の意味を持つギリシャ語)と呼んだりする。「つかり読み」をするには、まず日常のものの見方を一度カッコに入れて、普段の価値基準による判断を停止してみるよう意識する。「これは変だ」と切り捨てずに、まずは受け容れてみる。

たとえば『東海道中膝栗毛』の弥次さん喜多さんは、同性愛的関係にありながら女性好きでもある。ここに違和感を感じてしまう人は、その感覚と価値観を一度カッコに入れてみる。しりあがり寿さんの『真夜中の弥次さん喜多さん』、『弥次喜多 in DEEP』では、二人がより濃密な恋人同士として描かれ、シュールな世界が展開するが、これらを読むと世界が広がる感覚が味わえる。

古典は現代の感覚とは異なるところも魅力だ。古典に触れることで、感覚や価値観の幅が広がる。自分の基準と合わないものに対してすぐに「許せない！」と反応してしまうと、幅が広がらない。逆に古典につかると、多様な価値観を認められるようになる。

古典を味わうために普段の価値観をカッコに入れる。古典の世界に浸ると、価値観がカッコに入れられる。これが相乗的に起こって、古典の世界になじんでいく。ガルシア＝マルケスの『百年の孤独』は、独自の異世界を形成している。時間感覚や孤独感など、さまざまな点で日常の感覚がゆさぶられる。私はこの小説を何週間かかけてゆっくりと読んでみた。その速度の遅さによって、この独特な世界にゆっくりと体がなじんでいった。

スロー・リーディングは古典の世界になじむ良い道筋だ。知的に理解するだけではなく、身体の感覚としてなじんでしまうことが、古典力のめざすところである。トルストイの『戦争と平和』やロマン・ロランの『ジャン・クリストフ』などの長大な文学作品は、必然的に時間をかけて読むことになるので、自然に「つかり読み」の感覚が身につく。

日課にする

私は十代の終わり頃、数カ月をジャン・クリストフという人物とともに過ごした。夜の十一時頃から数十ページだけ読む。それを持続すると、心にその世界のスペースができる。すっとその世界に入り込めるようになる。一定の時間に習慣として読むようにすると没入が容易になる。サン゠テグジュペリの『星の王子さま』でキツネが王子さまに、きまった時間に会うよう約束するのが大切だといっていたのを思い出す。時間が決まっていれば、約束の時間が近づくとワクワクしてくる。心の準備が自然に整う。

毎日一定の時間にお経を読むというのも、同じ「習慣効果」がある。その時間になると、その古典に合うよう身と心が習慣でセットされる。かつての寺子屋でも一定の時間に一定の姿勢で一定のリズムで素読していた。心の習慣は身体の習慣とともにある。古典は、はまり込むのに少し時間がかかるが、はまってしまえばその世界が習慣となる魅力を持っている。古典は「頭で読む」より、「身体の習慣で読む」という読み方が似合っている。

「つかり読み」には、「常時携帯法」も効果がある。とにかくいつもバッグに入れて持ち歩く。ちょっと時間があると、少し読む。漬物がしっかり漬かるように、月単位で本をなじませる。私は先頃『論語』の全訳をするために、一年ほど『論語』数冊を持ち歩き、喫茶店などで少しずつ手書きで訳し進めた。毎日、本とともにいたことで、孔子教団の一員になれた気がした。この常時携帯法は中学二年の時一年間、勝海舟の『氷川清話』をカバンに入れて持ち歩いた経験が発端となっている。友だちに「いっつもその本だな」と言われるほど、しつこく入れっぱなしにしていた。おかげで好きな言葉は覚えてしまい、「海舟は自分のおじさん」とでもいうような親近感を得た。年単位でともにいれば、しっかりした漬物が仕上がる。

三年間で一冊の本

年単位で古典的名著を読むスロー・リーディングを学校で実践し成果を上げたものとして、橋本武先生の灘校での『銀の匙《さじ》』の授業がある。中学の三年間をかけて薄い文庫本一冊を読み解く。「何かひとつでもいいから、子どもたちの心に生涯残るような授業をしたい」という強い願いから出発し、「1寄り道する　2追体験する　3徹底的に調べる　4自分で考える」の四つのポイントを大切にした授業を続けた（橋本武『灘校・伝説の国語授業』『〈銀の匙〉の国語授業』）。

三年間の国語で一冊だけをテキストにするというのは非常に勇気のいることだ。飽きられたり、テキストの底が浅かったりすれば、持続できない。橋本先生は細部に徹底的にこだわり、著者の中勘助に質問し返答をもらう。この『銀の匙』愛と中学生たちへの想いが合体して、情熱がじっくり燃える授業が現出した。授業開始前五％だった「国語が好き」が三年後には九五％になったという。さまざまな条件がそろったからこその授業だが、細部に入り込み、そこから拡げ、じっくりつき合う形の古典力が教育で共有できることを示す実践だ。

じっくり細部まで向き合う読書は、情報の摂取ではなく、自分と向き合う体験となる。この「つかり読み」「じっくり読み」に耐え、応え続けてくれる中身の濃さを持つものが古典の名に値する。

第七条　クライマックス読み

古典のワールドにつかりこんでじっくり読むのが良いとしても、それでは一冊を読むのに時間がかかるし、読む価値のある古典はたくさんある。そういう時間的制約のある中でも、古典力を身につけるのに最適なのが、「クライマックス読み」だ。

その本の中で最も輝いているところ、その古典の本質や魅力が凝縮されているところ、それをクライマックスと呼ぶとする。「クライマックスだけ切り離しては意味がない」というのはまともな意見ではあるが、クライマックスを味わうだけでも作品の魅力には触れられるし、現実的に多くの古典になじむことができる。

実際古文の教科書などは、いい部分をセレクトして作られている。『枕草子』や『徒然草』などは、それほど大部の書物ではなく、しかもどこにも面白さを見出せて、文も難解ではないものだが、それでも読破したことのある人は少ない。私は完読をすすめてはいるが、セレクトするのはある程度合理的ではあるのだ。

クライマックスを古文だけでなく、長編の小説や思想書にも見出して、そこをじっくり音読してみる。「冒頭だけを知っている」ケースが多いが、それだけでは不十分だ。たとえば『学問のすゝめ』の冒頭「天は人の上に人を造らず人の下に人を造らずと言えり」はだれでも知っているが、この文章における福沢諭吉の主旨は、それでも実際には違いがあるのは学ぶかどうかによるのだ、というところにある。冒頭は本質とは限らないし、冒頭のみで「知ってるつもり」になるのも弊害だ。

名場面を知っているというのは、古典に向かうきっかけとなる。名せりふでも同様だ。『ハムレット』の「生きるべきか、死ぬべきか(to be or not to be)」や『ジュリアス・シーザー』の「ブルータス、お前もか?」などは、ほぼすべての人が知っているといえるだろう。このような有名な一つの言葉、一つのせりふから始めて、鍵になる名シーンを、知っていってもらいたい。

男と女というテーマでもクライマックス場面はたくさんある。

『それから』で主人公の代助が、友人の妻となっている三千代に長年の想いを伝えたあと。

「詫《あや》まるなんて」と三千代は声を顫《ふる》わしながら遮《さえぎ》った。「私が源因《もと》でそうなったのに、貴方に詫まらしちゃ済まないじゃありませんか」

三千代は声を立てて泣いた。代助は慰撫《なだ》めるように、

「じゃ我慢しますか」と聞いた。

「我慢はしません。当り前ですもの」

「これから先まだ変化がありますよ」

「ある事は承知しています。どんな変化があったって構やしません。私はこの間から、――この間から私は、もしもの事があれば、死ぬつもりで覚悟を極めているんですもの」

代助は慄然《りつぜん》として戦《おのの》いた。

「貴方にこれから先どうしたら好いという希望はありませんか」と聞いた。

「希望なんかないわ。何でも貴方のいう通りになるわ」

「漂泊――」

「漂泊でも好いわ。死ねと仰しゃれば死ぬわ」

代助はまた竦《ぞっ》とした。

「このままでは」

「このままでも構わないわ」

「平岡君は全く気が付いていないようですか」

「気が付いているかも知れません。けれども私もう度胸を据えているから大丈夫なのよ。だって何時殺されたって好いんですもの」

また、『春琴抄』では佐助がやけどをした顔を見てほしくないという春琴のもとを離れないために、自分の手で自分の目に針を刺してしまう。

程経て春琴が起き出でた頃手さぐりしながら奥《おく》の間に行きお師匠様私はめしいになりました。もう一生涯《いっしょうがい》お顔を見ることはござりませぬと彼女の前に額《ぬか》ずいて云った。佐助、それはほんとうか、と春琴は一語を発し長い間黙然と沈思《ちんし》していた佐助はこの世に生れてから後にも先にもこの沈黙の数分間ほど楽しい時を生きたことがなかった

春琴の顔のありかと思われる仄白《ほのじろ》い円光の射して来る方へ盲《し》いた眼を向けるとよくも決心してくれました嬉《うれ》しゅう思うぞえ、私は誰の恨《うら》みを受けてこのような目に遭《お》うたのか知れぬがほんとうの心を打ち明けるなら今の姿を外《ほか》の人には見られてもお前にだけは見られとうないそれをようこそ察してくれました。あ、あり難《がと》うござりますそのお言葉を伺《うかが》いました嬉しさは両眼を失うたぐらいには換《か》えられませせぬ

クライマックスを拾い読みすることも、古典への近道になる。

第八条　演劇的音読

『罪と罰』や『金閣寺』といった古典的名作は細部にまで力が漲っている。ある場面を選んで数ページ分を大学生や小学生に音読してもらうと、「音読してみて初めてすごさがわかった」という声が噴出する。三、四人一組になって、一文ずつ回し読みしていくと、一体感を持って作品の本質を味わえる。

より深く味わうコツは、少々大げさに演劇的に音読することだ。たとえばハムレットになりきって悩める青年となって独白してみる。面白い場面を選べば、小学生でも上手にハムレットになりきるし、『ファウスト』のメフィストーフェレスになりきって悪魔のささやきを楽しそうにやる。

細部にまで漲る古典の言葉の本当の力は、「演劇的音読」によってこそ感得できる。演劇的といっても演技がうまくなくてもいい。当人が「その気になって」音読すれば充分に魅力は味わえる。わざとらしいまでに大げさな方が、かえって面白い。

学校のクラスなどで演劇的音読をやると、「なりきり音読」をしている者がたいてい一人はいるので、指名して皆の前でやってもらう。すると「あんなになりきっていいんだ」とわかり、恥ずかしがる心理障壁が取り払われ、なりきり度が増してゆく。

かつての日本人は歌舞伎などを見に行くと、帰ってきて声色《こわいろ》をまねた。幸田露伴は、娘の文《あや》に講釈などを見に行かせて、「おもしろかったか」と聞く。「おもしろかった」と答えると「やって見ろ」と言う。「おもしろかったと云いながら、私は何も覚えていなかった。驚いたことには、困っている私を尻目《しりめ》にかけて父が、ずいずいのんのんと講釈師の通りにやりだした」(幸田文『父・こんなこと』)。さすが露伴、身につく学び(まねび)が技となっている。

音読で深まる解釈、解釈で深まる音読力

言葉を字面ではなく、身体全体で味わう。これが古典や名作の読み方だ。真似《まね》ることが学ぶの基本である。「まねぶ」という語源通り、著者や登場人物に体ごとなりきって真似ることで深く学びたい。意味や心理を分析し解釈できる力ももちろん鍛えるべきだが、なりきって真似る音読こそが出発点であり最終地点でもあると私は考える。

解釈と音読は背反するものでも無関係なものでもない。解釈が深まれば音読のあり方も変わる。たとえば、幸田弘子さんによる樋口一葉の『たけくらべ』の音読CDを聴くと、根底に深い理解があることを感じる。ちょっとした声の出し方に解釈の深みがあらわれるのだ。また、音読をしたからこそ新たな解釈を見つけることも多い。音読すると、黙読のときには意外に多くを見落としていたことに気づく。

音読には理解の深さがあらわれる。文のどの部分の調子を上げ、どの部分を下げるか、という抑揚の判断。文と文との間にまたがる抑揚もある。そもそも音読全体を抑えめのトーンでやるのか、テンション高く抑揚を大きくしてやるのか、という判断がある。

音読のトーン選択については、私自身思い出がある。中学三年の時、国語の授業で吉行淳之介の『童謡』の音読を当てられた。普段はお調子者タイプで、声が高く早口で落ち着きのない私であったが、その日はなぜか身体がゆっくりした抑えめのトーンを求めた。似合わぬ落ち着いた朗読を行なったところ、白石先生から「三年間で一番いい朗読だった。ラクシーがこんな落ち着いた朗読ができるとは驚いた」とほめられた。以前、国語のテストでタクシーをラクシーと書いてバツをもらい、それが国語でのあだ名になっていたお調子者にとって、知らない自分と出会ったような音読体験であった。

トーンの選択だけでなく、間のとり方、強弱、緩急などさまざまな要素が絡み合うのが音読の面白さだ。身体で言葉を感知し、響きにかえてゆく過程で、深く言葉を味わう。

古典と呼ばれる作品の文章は、ふところが深い。いろいろなアレンジを受け入れるクラシックやポップスの名曲のように、私たち一人ひとりの身体の求めるトーンを受け入れてくれる。それぞれの朗読がどれも味が出るようにしてくれる。文がそもそも持つ内容の深み、表現の品格が底を固めている。どんな料理の仕方をしてもおいしく仕上がる最高の食材のようなものだ。古典ほど安心して音読できる。

古典の音読をすると、より良い音読をしたくなる。すると、研究書で勉強して理解を深めたくなる。演劇的な音読が、細かな解釈の勉強のモチベーションになる。音読は黙読より時間がかかる。

じっくり味わうべき古典は音読にまさに適している。
ではここで、『平家物語』の名場面を音読していただこう。私は暗誦文化復活のために教師志望の大学生に暗誦をしてもらっている。好評なのは、那須与一が扇を射る場面だ。与一の精神が極限にまで集中し、磨き抜いた技のただ一撃にすべてを懸ける緊迫感。矢が放たれ、「浦ひびく程ながなりして」扇を見事射抜く奇跡。扇が春風にもまれながら舞い落ち、夕日の輝く海面に浮き沈みしながら揺られている、風と海と光が奏でる音楽のような美しい情景。敵方である沖の平家までもが船端をたたき賞賛し、両軍が与一の奇跡的な偉業に興奮する祝祭的な時間。

『平家物語』(巻第十一、那須与一)

与一目をふさいで、「南無《なむ》八幡大菩薩、我国《わがくに》の神明《しんめい》、日光権現《にっこうのごんげん》・宇都宮《うつのみや》・那須《なす》のゆぜん大明神、願《ねがわ》くはあの扇のまンなか射させてたばせ給へ。これを射そんずる物ならば、弓きりをり自害して、人に二《ふた》たび面《おもて》をむかふべからず。いま一度《いちど》本国へむかへんとおぼしめさば、この矢はづさせ給ふな」と、心のうちに祈念して、目を見ひらいたれば、風もすこし吹《ふき》よわり、扇も射よげにぞなッたりける。与一、鏑《かぶら》をとッてつがひ、よッぴいてひやうどはなつ。小兵といふぢやう、十二束三《そくみつ》ぶせ、弓はつよし、浦ひびく程ながなりして、あやまたず扇のかなめぎは一寸ばかりおいて、ひィふつとぞ射きッたる。鏑は海へ入《いり》ければ、扇は空へぞあがりける。しばしは虚空《こくう》にひらめきけるが、春風《はるかぜ》に、一《ひと》もみ二《ふた》もみもまれて、海へさッとぞ散ッたりける。夕日《ゆうひ》のかゝやいたるに、みな紅《ぐれない》の扇の日出《いだ》したるが、しら浪のうへにたゞよひ、うきぬ沈みぬゆられければ、奥《おき》には平家、ふなばたをたゝいて感じたり。陸《くが》には源氏、えびらをたゝいてどよめきけり。

第九条　バランス読み

『論語』に「学んで思わざれば則《すなわ》ち罔《くら》し。思うて学ばざれば則ち殆《あや》うし」という言葉がある。「外からいくら学んでも自分で考えなければ、物事は本当にはわからない。自分でいくら考えていても外から学ばなければ、独断的になって誤る危険がある」といった意味だ。客観的な意味の把握と主観をまじえた解釈の二つを両輪として読み進めるのが、いわば「バランス読み」だ。

バランスボールという、体幹を強くし、バランス感覚を鍛えるボールがある。ボールの上に坐ったり、乗ったりするわけだから、バランスがくずれやすい。その上で坐るだけでも、バランス感覚が鍛えられる。古典には難解な部分や空白部分などがあることが多い。古い時代のものなので、もどかしい感じもある。そのぴったりこない感覚は、バランスボールに乗ったときの不安定感に似ている。古典は、こちらのバランス感覚を鍛えてくれる、いわば精神のバランスボールだ。

古典の魅力は即効性の高いノウハウにあるわけではない。すぐに効果のある具体的な方法が書かれている本は、時代が移り変わると古くなってしまう。時代を超えて通用する普遍性を持っているとすると、今度はすぐ適用できる簡単なマニュアルとは遠くなる。

「すぐにでも、カンタンに変われるお手軽なものはないか」という心の習性がしみついていると「古典は、じれったい」ものに感じる。

即効性を求めること自体が良くないわけではない。自分を見つめ、本質をつかまえようとしない心の構えが問題だ。このいわば、「息の浅い構え」では、古典の精髄を味わえない。

「汲み取る力」が試される

息の深い構えで味わう読み方、「味読」が古典読みの基本となる。

古典をたやすく現実に適用できると思っている安易な態度を、世界のホンダの創業者本田宗一郎は、批判している。

孫子の兵法や徳川家康の小説が経営者の間でブームになっているという状況に対して、「それは習わんよりはいいかもしれないけれども、しかし世の中は変わっている。真理というものは同じかもしれないけれども、私はそんなに即効的にきいてくるとは思わない」(『俺の考え』)と言っている。

経営学のテキストに孫子の兵法が用いられていることに、「いまどき、こんなものが何かの役に立つのだろうか。「敵を知り己れを知らば百戦あやうからず」。当然である。字義にはなんら異議をさしはさむものではない。が、かんじんなのはどうやって敵を知り、己れを知るか、ということなのである」と手厳しく忠告している。

実績を上げてきた経営者としての自信があふれた、小気味いい批判だ。ここで批判されているのは、古典ではなく、古典力のなさだ。現実の自分の状況において、「どうやって」やるのか。現実感覚が鋭くなければ、古典は気休めにすぎない。なんとなく古典を読んでいると経営がうまくいくと思っている弛緩した精神のあり方を、本田は批判しているのだ。

本田は、「真理はわれわれの周辺にはいくらもどこにも転がっているはず」であり、そうした真理を「くみとる力をマスターすること」、「自分をよくみつめること」が大事だと言う。

真理は、一つではない。さまざまな真理がある。一見矛盾する二つの考えが、状況次第で、どちらも真理になることがある。経営においては、常に厳然たる現実をつきつけられる。変化する状況を意識し、古典から真理を「汲み取る力」が求められる。

教条主義的に古典の文言を持ち出して、思考を硬直化させ、現実をゆがめて見てしまうのでは、古典力とはいえない。古典の言葉がヒントになって、見えていなかった現実のある側面が新たに見えてくれれば、古典が活きているといえる。

自分の現実とすり合わせて古典を読む習慣をつける。古典の普遍的真理と現実の課題。この二つの間でバランスをとる。このしなやかな読みが、自分の中に「心の重心」を作ってくれる。

第十条　マイ古典の森をつくる

古典として認められている作品をしっかり吸収すれば、それはもちろん「マイ古典」だ。しかし、一般的には有名でない作品でも、自分にとって座右の書と呼べるほど深く入りこんだ書物もまた、マイ古典といっていい。

大切なのは、入りこむ深さだ。自分の人格の一部になったり、社会や物事を見る視点が大きく変わったりした場合には、マイ古典の称号を与えてみよう。つい引用したくなったり、時をおいて何度も読み返したくなったりする場合も、マイ古典グループに入れていい。

深くなじんだ本に「マイ古典」の称号を与えてみることで、本の見方が変わる。「この一年間でマイ古典がどれだけ増えたか」という問いも生まれる。「それなりに本は読んだけど、マイ古典というほど大切な本はなかった」という場合は、読書のあり方を考え直してみる必要がある。

特定の領域に集中する時期も大切だが、森にはできれば多様性を求めたい。幅広い分野にマイ古典を一冊ずつでも持つことで、世界が拡がる。対立する価値観の本をともにマイ古典とすることで成熟したものの見方ができるようになる。たとえば『源氏物語』と『武士道』と『死に至る病』と『マネジメント』（ドラッカー）では、それぞれ価値観も世界観も異なる。これらをすべてマイ古典にできれば、多様性のある森ができる。

マイ古典をつくるペースとしては、「最低半年に一冊」を目安にしたい。この半年間を振り返ってみてほしい。マイ古典を増やす基本は、「マイ古典」という考え方になじむことだ。まずマイ古典専用の置き場所を用意しよう。私はかつて特別気に入った本だけ、大理石の馬のブックエンドではさんでスペシャルなステイタスを与えていた。大切な本を消費物の一つとして扱っていては、マイ古典はできない。書き込みをした自分だけの本をリスペクトして特別扱いすることで、市場に流通していた一商品が、精神の糧《かて》としての地位を築く。

古典力向上のために今すぐできること。それは、「マイ古典の殿堂」を作ることだ。これまで読んだ本の中から「これはマイ古典と呼べる！」という本を部屋の特別な場所に移動させて、マイ古典の殿堂入りをさせる。入る本はいかにも古典という風格がなくてもいい。自分にとって大切な源泉である本を増やしていくことが、古典力の基本だからだ。

以上、古典力を身につけるための読み方のコツを十カ条という形で示した。次章では、古典を味わい、活用する達人のワザを学びたい。

第二章　活きた古典力——四人の先人のワザ

実践を支える古典力——渋沢栄一の論語の活かし方

古典力とは、単に古典を読み解釈する力ではない。現実の自分の仕事や生活全般に古典の言葉や精神を活かす。これが「活きた古典力」である。

すぐれた古典の魅力は、普遍性にある。現代の私たちの生活の具体的状況などは、その古典が書かれた当時にはわからなかったはずなのに、なぜかぴったりとはまる。そんな気がしたとき、古典は自分に身近なものとなる。

「まさにこの言葉は今の自分のためにある言葉だ！」という感銘こそが、古典力の中核をなす。こうした感銘は、古典と自分との共同作業によって生まれる。古典に力がなければ感銘を呼び起こさない。自分の読みが消極的ならば、自分の世界に言葉が入ってこない。

少々強引にでも自分の世界に古典の言葉を引き込んでくる読み方が、古典力をつけていくコツだ。つまり「我田引水読み」（第一章参照）をすることで、古典の新しい解釈を発見することにもなる。自分の生活に古典をアレンジして応用することで、学者の読みとは違う読みが生まれる。学者は自分自身の生活に引きつけて読むのが主たる作業ではない。むしろそうした読み方は避けることが多い。

一方、実践すべき仕事が優先的にある人間が古典を活かそうとするときには、自分の生活感覚に切実に訴えるかどうかが、そのセンサーとなる。

実生活に引きつけた読み方

古典の言葉を日々の実践に活かす「実践読み」を、実に見事に行なった人物が渋沢栄一だ。

渋沢は、明治から大正初期まで日本の経済界をリードした「日本資本主義の父」とも呼ばれる大実業家だ。第一国立銀行や東京証券取引所などの設立・経営に関わり、東京ガス、王子製紙、東京海上火災保険、帝国ホテル、キリンビール、秩父セメント等々の設立に貢献した、超人的ともいえる実業家だ。

単に会社を設立したというだけでなく、日本にヨーロッパの経済システムを導入し、自ら実践し、根付かせた。資本主義を日本社会で機能させた功績を考えると、日本史などでもっと学ばれてよい偉人である。

その渋沢栄一が、生涯座右の書としていたのが『論語』だ。『論語』は、人の道を説き、国の治め方を説いた書であり、金銭に関わる商業とは遠いものと考えられていた。士農工商という江戸時代の商業蔑視の影響もあり、利益を上げることを目的とする商業は、『論語』の精神とは相反するものとして見る見方も根強くあった。

しかし渋沢は、『論語』の教訓を商業・実業に活かせるはずだという確信を持って『論語』を読み、生涯その言葉を信念として活用した。

渋沢の古典力は、彼の著書である『論語と算盤《そろばん》』というタイトルからはっきりわかる。一般にはかけはなれていると思われがちな『論語』と算盤（商業）を深く結びついたものとして世に問う覚悟が、明確にタイトルに表れている。しかも「ただの『論語』」ではない。自らの実業家人生を『論語』で貫く、という生涯をかけた証明を行なったのである。

きっかけは、明治六年に大蔵省の官僚を辞めたことであった。幕臣の身分でパリ万博を視察し、ヨーロッパの経済システムを学んだ渋沢は、大隈重信に説得されて大蔵省に入り、国立銀行条例の制定などに尽力するが、予算問題で大久保利通や大隈と対立し、退官した。そして、これからいよいよ年来の希望であった実業に入るという時、「志を如何に持つべきか」と考えた。その時かつて習った『論語』を思い出した。

『論語』にはおのれを修め人に交わる日常の教えが説いてある、この『論語』で商売はできまいかと考えた。私利私欲のためではない。日本の商売（実業）が振るわねば国の富も増進することはできない、と考えたのだ。

しかし、友人までもが、金銭に目が眩み、官を去って商人になるとは呆れた、と責める。そこで、渋沢はこう反論し、覚悟を決めた。

「私は論語で一生を貫いてみせる。金銭を取り扱うが何ゆえ賤しいか。君のように金銭を卑しむようでは国家は立たぬ。官が高いとか、人爵《じんしゃく》が高いとかいうことは、そう尊いものでない。人間の勤むべき尊い仕事は到る処にある。官だけが尊いのではないと、いろいろ論語などを援《ひ》いて弁駁し説きつけたのである。そして私は論語を最も瑕瑾《きず》のないものと思ったから、論語の教訓を標準として、一生商売をやってみようと決心した」。

人生の転機では、信念とエネルギーが必要だ。自分の内側の心だけでは充分ではない。古典の精神を自分の援軍とすることで信念の力が強くなる。一時《いっとき》のことではなく、その後の険しい道のりをともに歩んでゆく長期のつき合いが、古典の持ち味である。

求めよ、さらば与えられん

渋沢の古典の読み方は、私たちでも応用できる。友人に「論語で一生を貫いてみせる」と宣言した手前、「それからというものは、勢い論語を読まなければならぬことになり、中村敬宇《なかむらけいう》先生や、信夫恕軒《しのぶじょけん》先生に講義を聴いた」という展開になる。

まずは「活用してみせる」と宣言し、それから勉強をやり直す。これは古典勉強の邪道ではなく、むしろ王道だと思う。学生時代までに古典に幅広く触れておく。そして仕事や人生の重大事に際して、古典に活路を求め、読み直す。すると、そこでまさに今の自分のために用意されたとしか思えない文言に出会う。

これは偶然のようでいて、必然だ。セレンディピティ、つまり偶然に見える幸運な出会いは、求める気持ちが招き入れる。「求めよ、さらば与えられん」という聖書の言葉は、まさに古典の読みにおいても真実だ。

自分は今、一対一で古典の著者とさし向かいで語り合っている。古典を読むには、そんな想像力が大切だ。「自力ではわからないかもしれない」という恐れは、古典との出会いを妨げる。

学者がこの出会いの良き仲人となればいいが、時に「素人が勝手な解釈をするな」とばかり、出会いを邪魔することもある。渋沢は、『論語』をやたらと難しいものとしてしまい、商人や農民は手にすべきではないという風潮を作った学者は、「やかましき玄関番」だという。こんな邪魔な玄関番がいては、孔子に面会できない。

「孔夫子は決してむずかし屋でなく、案外捌《さば》けた方で、商人でも農人でも誰にでも会って教えてくれる方で、孔夫子の教えは実用的の卑近の教えである」という。

この「面会感覚」「面談感覚」が、古典を自分に引きつけるコツだ。本ではなく、人として捉える。それも自分と面と向かって一対一の時間をわざわざ作って教えてくれる、親切な人物としてイメージする。この心の構えを作るだけでも、古典との距離感は縮まる。

「生で自分に語りかけてくれている」というイメージをリアルに持つのには、音読が有効だ。音読すれば、文章が「語り」に変わる。声に出して読めば、言葉が声となって響く。読んでいるのは自分だが、著者の言葉が解凍されて「生もの」としての魅力をよみがえらせる気がしてくる。

何度も音読しているうちに、文言をいくつか覚えてしまう。すると自分の内側に、その著者が住み込む感じになる。「ここぞ」という時に、助言を与えてくれる強力な援軍が心の中に住む。この「援軍感覚」が、古典力の証左である。

古典の良さは、多様な解釈を許すところにある。意味が一つに決まる文章とは異なり、古典と呼ばれるものは含蓄があり、解釈の楽しみを与えてくれる。時代が隔っているために、よくわからない不透明な部分が古典にはある。そのためにかえって自分の解釈が入り込む自由が生まれる。自分の状況に即して解釈する自由が、古典の楽しみだ。

何に着目するか

渋沢栄一は、従来儒者たちが孔子は「富貴」を嫌ったと解釈してきたのはおかしいという。儒者たちは、富んでいる者に仁や義の心あるものはないから、仁者となろうとするなら富貴になろうとするなといった主張をするが、『論語』をすべて読んでもそんな意味のものは見つけられない、という。

『論語』の「富と貴きとはこれ人の欲する所なり、その道をもってせずしてこれを得れば処らざるなり」という一文をとりあげ、「孔子の言わんと欲する所は、道理を有《もっ》た富貴でなければ、むしろ貧賤の方がよいが、もし正しい道理を踏んで得たる富貴ならば、あえて差し支えないとの意である」と解釈をしている。

「「道をもってせずしてこれを得れば」という所によく注意することが肝要である」、と渋沢は力説する。実業を重んじる渋沢だからこそ「道をもってせずして」という言葉に着目したとも言える。古典のどこに着目するかに、読む人の関心が表れる。

私は大学の授業で古典をテキストとして用いるとき、「自分がいいと思った文章を挙げて」と指示する。一人ひとり選ぶ文章が違う。その選び方に、その人らしさが表れて、面白い。選ぶ時点で、「自分」が大きく関わっている。これにプラスして、「その文章から想い起こされる自分の人生の経験を一つ簡単に話してください」という課題を出す。この課題に対応しようと、自分の経験の海を、古典の言葉という網ですくう。この作業をすることで、古典がぐっと身近なものとなる。

どの言葉に着目するか。このいわば「着目力」を磨くだけで、古典の読みは、深くなり、また楽しくなる。「着目する」という主体的行為が加わることで、自分が参加する感覚が生まれる。「着目した」ということは、なにかしら「心が動いた」ということだ。これまでの自分の経験の「なにか」が反応したから、その文言に引き寄せられたのだ。自分の側のその「なにか」を捉えることができれば、古典の中の一つの文言と自分の世界が明確につながる。

この「つながり」を随所で感じることができれば、その本はまさに自分にとっての古典となる。それが「行間を読む」ということでもある。「行間」には文字はない。文と文の間を想像力で埋めてゆく。著者の意図を論理的に推測するとともに、読者自身の経験と見識で行間を推測する。

渋沢栄一は、孔子は富を得ることを否定していないと考える。「『正しい道を踏んで』という句が、この言葉の裏面に存在しておることに注意せねばならぬ」と、言葉の「裏面」という表現をしている。

「行間を読む」、「言葉の裏面を読む」ことは、読者である自分が解釈を加え、古典を自分に引き寄せるということだ。もちろん、「牽強附会《けんきょうふかい》」、つまり道理に合わないのに自分に都合のいいように無理にこじつけるのは避けたい。無理やりすぎるこじつけは、古典に対して失礼であり、恥もかく。

こうした注意を忘れないようにした上で、自分の世界に引き寄せる。古典の文脈を客観的に把握しつつ、自分の経験や主観をからめる。このバランス感覚が古典の読みでは必要であり、また古典によってこのバランス感覚が鍛えられる。

あなたは、人をどう見抜いていますか?

世を生きる力として大切なものに、人間を見抜く眼力《がんりき》がある。これは、経営のみならず、結婚や世の中のつき合いなど、人生の諸局面で求められる力だが、その実際を教わることは少ない。なんとなく経験を重ねるうちに身につくと思われている。しかし、それでは眼力の向上は確実ではない。

渋沢栄一は、人物の観察法として三つの古典を挙げる。

まず江戸時代の儒者佐藤一斎の「初見の時に相すれば人多く違わじ」という『言志録』の句を引用し、初対面の印象が人物観察には重要だとする。この句を胸に刻んでいることで、初対面の時に自分の感覚をフル稼働して臨むようになり、相手の人物のイメージがより鮮明になる。

二つめは、人の眼によって人物を鑑別する孟子の方法を挙げる。眼に曇りがあるか、はっきりして淀みがないかで、心情の正しさを判断する、というやり方だ。人の眼が曇っているかどうかの判定は感覚的なものだが、まずは眼の曇り具合に着目することが、判定力向上のスタートラインである。「人の眼を見る力」を技として日々磨くことで、古典の言葉は、現実の技となる。眼で人物を鑑定するのだから、「眼定法」と名付けてもいい。渋沢は、この人物観察法は的確で、「人の眼をよく観て置きさえすれば、その人の善悪正邪は大抵知れる」という。古典の教えをワザ化した自信がうかがえる。

三つめは、論語の言葉による人物鑑定法だ。まず外にあらわれた行為を「視」て善悪正邪を判断する。さらに、その人の行為は何を動機にしているかを「観」る。「観」は「視」よりも深い眼力だ。これに加えて、その人の安心はどこにあるか、何に満足して暮らしているかを「察」するようにする。

行為と動機と、満足する点。この三点で自分が見られると思うと、見透かされる感じがする。人物を見るポイントを、この明確な三点にさらっと凝縮しているところに孔子の凄みを感じる。

佐藤一斎と孟子の観察法は手っ取り早い方法で、人を真に知るには孔子の方法がよい、と渋沢はいう。古典のさまざまな言葉の中には、具体的なものもあり抽象的なものもある。それぞれのレベルでワザ化を試みることができる。

「あなたは人をどう見抜いていますか」と急に問われたとき、ふつうは「えっ」と一瞬考えるだろう。ふだんから古典を拠りどころとして人物観察法をワザ化している人は、すっと答えられる。

もちろん自分の経験のみから観察の基準を生み出す人もいるだろうが、そもそものような人は少なく、基準を持たない人が多数派だろう。経験まかせでは限界がある。

孔子に学ぶ古典力——古典がつなぐ仲間意識

信じて古えを好む

『論語』は東洋の代表的古典だが、孔子自身が古典力を軸にした思想家・実践者であった。孔子は、「述べて作らず、信じて古《いにし》えを好む」と語っている。古くからあるものを好み、優れた古人の言葉に基づいていうだけで、新しいことを創作しはしないという方針であり、そのスタイルを誇りに思っている。

新しい何かを生み出す創造性や、自分の独自性・個性を重んじる現在の考え方とは異なる考え方だ。

孔子は、理想を古人に求めた。とりわけ、周王朝の文化を創建し、魯国(孔子の生まれた国)の始祖である周公を、若い頃から尊敬していた。周の時代には、人として踏むべき「道」が行なわれていたと理想化し、その礼法や音楽などを後世に伝えようとした。

「自分がこうなりたい」と思い「手本」にする人物をロールモデルというが、孔子のロールモデルは周公であった。その思い入れの強さが、孔子の古典力の核になっている。

あるとき孔子は弟子たちに、「甚だしいかな、吾《わ》が衰《おとろ》えたるや。久し、吾《わ》れ復《ま》た夢に周公を見ず」と語った。

夢に周公を見なくなったとは、なんと私も衰えたことか、と嘆いているのだが、裏を返せば、それまでは理想とする周公を夢に見るのが当り前だった、ということだ。

夢に見るほど強く、そして長期にわたって、理想を心に思い描く。こうして描かれた理想像は、紙にさっと描かれたデッサンのようなものではなく、石板に彫りつけられた像あるいは、大理石の彫刻のようなものだ。

これほどの「思念の強度」で理想化された古人は、当人の身のうちで自らエネルギーを放つ光体のごときものとなる。そして、心が萎えそうなとき、自分を鼓舞してくれる。

夢に好きな異性が出てくることはよくある。しかし、徳の権化のような人物がしょっちゅう夢に出てくるとすれば、それはもはや一つの技である。「吾れ未だ徳を好むこと色を好むが如くする者を見ざるなり」と孔子は言うが、夢に見るほどに「徳へのあこがれ」で身を焦がしていた孔子だからこその言葉だ。

孔子は、臣下が王を殺して自分が王になる、殺伐たる行為を嫌悪した。これは少なからず現実に起こっていたことだった。秩序を大切にするという精神が孔子にはある。その秩序は「礼」を守ることで維持しやすくなる。「礼」は秩序の形だからだ。

仁を行なうのは自分次第である、と孔子はいい、その要点は、「礼にはずれたことは、見ず、聞かず、いわず、せず、ということだ」と弟子の顔淵に語る。これを聞いた顔淵は、「自分は至らない者ですが、このお言葉を実行していきたいと思います」といった。

礼は、秩序を維持する行動の型だ。ただ頭で知っているだけでは足りない。実行してはじめて意味がある。伝統の型は、今生きている人間の身をもって行なわれる必要がある。孔子は、弟子たちに、くり返しこれを説いた。

礼は、けじめをつけることだ。人と調和しなかよくする「和」の精神も、「礼」のけじめがあると生きてくる。「礼の用は和を貴と為《な》す」(学而)という『論語』の中の言葉は、「礼」と「和」は、ともにあってうまくいくということだ。

十七条憲法の第一条「和を以って貴しと為す」は、この『論語』の言葉を下敷にしているとも思われる。そうだとすると『論語』の古典としての威力を改めて感じる。

正しいテキストを選ぶ

古い書物に書かれた事柄の良さを自分のものとして吸収し、生かすにはどうしたらよいか。

孔子は、基本書を設定し、それを覚えることを奨励した。『書経』とともに孔子門下の教科書的な書とされたのは、『詩経』であった。詩経のうちにある詩三百篇の本質を一言でいえば、「思い邪《よこしま》なし（純粋）」だと、孔子は語っている。

古典力の重要なポイントは、教科書（基本書）をきちんと選ぶということだ。基本となる本を選びまちがえると、せっかくの努力が無駄になる。大学の講義では、教師が自分の判断で教科書（基本書）を設定して、シラバスで指示することが一般的だ。その選択には責任が伴う。

孔子はブレることなく、『詩経』を基本テキストとした。その確信の強さ、思い入れの強さが、弟子たちの古典力を育てる原動力となっている。

孔子の弟子たちは数多く、いろいろな水準、個性の者がまじっている。皆が顔淵のように優秀なわけではない。

あるとき、孔子は弟子たちにこういう。

「おまえたちは、どうしてあの詩三百篇を学ばないのだ。詩を朗誦すれば、志や感情が高められ、ものごとを観る目が養われ、人とうまくやっていけるし、怨むようなときも怒りにまかせることなく処することができるようになる。近く父に仕え、遠く国君に仕えるのにも役立つ。鳥獣草木の名前をたくさん識《し》ることができる」（陽貨）。

「詩経という古典はこんなにすばらしく、役にも立つものなのだぞ」と孔子は、くり返し説く。孔子の古典に対する思いこそ、まさに「邪なし」だ。

孔子と弟子たちを分ける線があるとすれば、この「思いの強さ」だろう。孔子は、弟子に「おまえは私を多くを知る者だと思うか」と問う。弟子が「そうだと思いますが、ちがいますか」と聞くと、孔子は「私は、一以《いっ》て貫く者だ（一つのことで貫く者だ）」と答える。

「貫く強さ」が孔子の孔子たるゆえんだ。「吾《わ》が道は、一以って之を貫く」と孔子は言い切る。古典力をつけるということは、孔子の「一以って貫く」ブレない強さに通じている。

孔子は、弟子たち一人ひとりを見極めて、助言をする。同じ事柄を伝えるのにも、やり方を変える。しかし、古典を身につけることに関しては、人による違いをつけない。

息子の伯魚（鯉）に対しても、「詩を学んだか。詩を学ばなければ、ちゃんとしたことはいえないよ」と、弟子たちに対するのと同じ教育をしている。息子だからといって特別な教育はしない。古典への道は、だれにでも同じように開かれているのだ。それを本気で体に刻み込むか否かに、人としての成否がかかっている。生まれや素質などは、問題にならない。これが古典力の良さだ。

孔子が人としての基本書として詩を選んだのは興味深い。道徳の高さと感情と美意識が一体となっているのが、孔子の好んだ詩篇だ。人の心と体を動かす力のある言葉。体に刻み込まれ、生涯自分を鼓舞し、方向づけてくれる言葉。詩には、言葉のこうした本質的な力がある。

孔子は伯魚に、「人として『詩経』の中の周南と召南の詩を学ばないというのは、塀にぴったり向かって立ち、先を見ることも先に進むこともできないようなものだ」と、面白い表現をしている。

先に進むには、古典を学ぶことが何よりも必要だという確信が、孔子を貫いている。

対話のパスという喜び

基本とする古典を学んでいる者同士だから、話が通じ、話に広がりや深みが生まれる。古典を共有している者同士が「仲間」、「同志」といえる。たとえ、息子であってもいまだ古典を学び修めていないのならば、ともに語るに足る者ではありえない。反対に、初めて会う者でも、同じ古典を身につけている同士ならば、古典が基盤となり、すでに仲間意識ができている。

現代でも「仲間」という言葉は大変好まれているが、同じ古典を共有していることを条件としている仲間関係は、どれだけあるだろうか。単に世代や所属が同じというだけで仲間というのでは、奥行きがない。もちろん、ただ一つの書のみを絶対視して、その詳細な記憶を競い合うというのも閉鎖的でよくない。しかし、いくつかの古典をともに踏まえていることで、理解度が深まり、対話が発展する喜びは、学生時代に、ぜひとも覚えておきたい感覚だ。

あるとき、孔子と対話していた子貢が、「先生が今いわれたことは、『詩経』にある「切磋琢磨」ということと通じることですね」というと、孔子は、「子貢よ、それでこそはじめて詩の話をいっしょにできるね。一ついえば、次をわかってくれる」と喜んだ。

古典の良さは、共有されることにある。共有し合うことで、仲間となれる。

古典の章句を踏まえて話ができれば、心地よく対話のパスがつながる。今話している事柄が水平の次元だとすれば、深さという垂直次元が古典によって加わる。人と深さにおいてもつながっているという感覚は、人として生きる喜びである。

孔子は古典を共有する関係性の喜びを説き、生涯にわたってその道を実践した人物だ。その道は、現在の私たちにまでつながっている。

ゲーテに学ぶ古典力——偉大なものを体験する

偉大なるものによる触発

古典になじむことは、偉大さに触れることだ。偉大なものが持つ力強さに触れて、自分の内のエネルギーが目覚める。

偉大なものによる触発。

これが古典力の柱だ。もちろん古いものすべてが偉大だとは限らない。しかし、数十、数百年の時を隔てて、現在もなおその価値を認められているものには、なんらかの偉大さがある。

古典の持つスケールの大きさに刺激され、創造力が目覚める喜びを、もっとも熱烈に語った人物として、ゲーテがいる。

エッカーマンの『ゲーテとの対話』には「古典力のすすめ」が満載だ。

古代の壁画の模写を見たゲーテは、「いいや、ほんとうに昔の人は壮大な意図をもっていたねえ」と嘆息し、「それぱかりじゃなくて、ちゃんとまたそれが表現できたんだからねえ。それなのに、われわれ近代人は、意図だけは大きくても、それを思うままに力強く生きいきと生みだすことがほとんどできない」とエッカーマンに語る。

力強い生きいきとした表現力が古典にはある。古代ギリシアの彫刻を見ると、それをはっきりと感じる。ゲーテの古典のイメージは、古代ギリシア、ローマの芸術や建築や文学だ。それを模範としたルネッサンスも大好きな古典だ。

ゲーテにとって、近代、すなわちゲーテが生きた時代は、古代と比べると、病的で不健康でスケールの小さな時代に映る。個性や独創性といったものを近代人は好むが、そんなものをゲーテは信用しない。スケールの小さな個性などにどれほどの価値があるのか、というゲーテの問いかけは、「個性が大事」というスローガンを信じて疑わない私たちに突き刺さってくる。

現代に生きる私たちは、古代人よりも近代人に近い。「自分の個性を表現する」、「自分の独創性を大切にする」といった考えになじんでいる。文学といえば、不安な内面を抱えた孤独な人間や病的ともいえる人間が描かれるというイメージが一般的だ。

ゲーテは、「私は健全なものをクラシック、病的なものをロマンティクと呼びたい」といい、「近代のたいていのものがロマンティクであるというのは、それが新しいからではなく、弱々しくて病的で虚弱だからだ。古代のものがクラシックであるのは、それが古いからではなく、力強く、新鮮で、明るく、健康だからだよ」と語る。

クラシックの方が新鮮で力強い、という見方は、古典に触れるときにヒントになる。力強く輪郭のくっきりした精神が、古典には共通してみられる。とすれば、古典の味わい方に指針ができる。

ゲーテは自分自身が創作する際にも、クラシック的であるようにと心がけていた。「私は、すべてを古代的な精神で、はっきりした輪郭をもってあらわしたし、むしろロマンティクな手法に適しているようなとりとめのないもの、不明確なものはなくそうと努めたのだ」と言う。

近代的なロマンティックなものは、主観的手法によって作られ、古代的なクラシックなものは、客観的手法によって作られる、という考え方がゲーテにはある。古代ギリシアの神話や彫刻は、特定の個人の主観によって作られてはいない。作者の個性などは問題にならない。その偉大さは、現代の私たちにもはっきりとわかる。

今を生きる人間が古典を生み出せないとは限らない。古代人もまたその人々にとっての今を生きていたのだ。偉大なものを生み出すとなると、主観というより客観が重要となる。

ゲーテは、ダンテの偉大さを畏敬の念を込めて語ったが、ダンテのことを「才能」と表現せず「自然」と呼んでいた。一人の人間を「自然」と呼ぶのは一見奇妙なことだが、あまりに偉大なものは、運命的に自然が一人の人間に流れ込んで生み出されたという方が、イメージ的にはむしろ納得できる。

たとえば、バッハの音楽の質と量には圧倒される。包みこまれて自分が消失する感じがする。それほどに大きく深く、音楽の宇宙のように感じる。バッハは私にとって一人の個人というより、たしかに一つの「自然」とでも呼びたいスケールだ。とても一人の人間のなしたことには思えない。

バッハには、「自分個人の個性・内面を表現したい」という欲望を感じない。むしろ、客観性を感じる。『平均律クラヴィーア曲集』や『ゴルトベルク変奏曲』の客観的な美は、ピタゴラスの定理の客観美に通じる。

かといってバッハの音楽に感情が欠けているわけではない。感情の質が普遍的、客観的なのだ。『マタイ受難曲』には、壮大なスケールで感情が表現されている。その大きな感情は、個人の内側にあるものというより、大河の流れのように聴衆をとらえ、包みこむ。

シェイクスピアもまた、一人の人間のような気がしない。人間理解の深さ、言語の超絶的活用、悲劇と喜劇の振り幅、どれをとっても人間技とは思えない。ピラミッドが個人を想起させない威容を誇っているように、シェイクスピアの作品群も個人を超えている。

ゲーテは、シェイクスピアの偉大さをもっとも身にしみて感じていた人物だ。

「シェークスピアについて何か言える資格のある人はいない。何を言っても、言いたりないのだ」。

「舞台なんか、彼の偉大な精神にとっては、あまりに狭すぎたのさ。それどころか、この目に見える全世界すらも、彼には狭すぎるくらいだったのだ」。

「偉大な精神」に触れること。

これこそ、古典の味わい方の王道だ。一つひとつの思想や主張の内容ではない。精神の偉大さがすみずみにまでしみ透っている。細胞の一つひとつにＤＮＡが入っているように、作品の細部にまで精神の遺伝子が入っている。言葉のもちうるＤＮＡが作品に込められている。

ルターやゲーテがドイツ語の水準を高めたように、シェイクスピアは英語という言語そのものの可能性を拡げ、質を高めた。通常は、特定の言語を使用して作品が作られる。しかし、偉大な古典は、その使用言語そのものをよりよいものへと作り変える。

言葉の美しさに耽読する

古典的な文学作品は、その言語の美しさを凝縮している。シェイクスピアの原文を大学生たちと音読すると、彼らはみな「ほー」と感嘆する。「英語はこんなに美しく、かっこいい言葉だったのか」と感動する。『ジュリアス・シーザー』の中のブルータスの演説の一部を暗誦してもらっているが、覚える機会を得たことを感謝される。形容詞と名詞が見事に対応した、キレのいいせりふは、それを語っている自分の格を高めてくれる。

ピラミッドの石は、ずらせば全体がくずれるから一つも動かせないように、シェイクスピアの言葉も一つも動かせない、と言われている。そのような言葉のピラミッド、精神のピラミッドを味わうことなしにこの世を去るのはさびしい。

中国語ならば、たとえば李白や杜甫らの漢詩を暗誦することで、漢詩のエッセンスを感じとることができる。高校一年の漢文の授業で、小倉勇三先生が、李白や杜甫の詩を中国語で朗誦してくださった光景を、今でもまだ鮮明に覚えている。「韻を踏む」とはどういうことかを、体から体へと教えてもらった。

母国語の美しさを体深くで味わうことは、もっとも大切なことだ。その感覚が、心を培い、精神を養う。その上で、母国語以外の言語の美しさや良さを味わう喜びも伝えたい。英語という、一つの言語が圧倒的な勢いで世界を覆い尽くそうとしている現実の裏で、多くの少数言語が絶滅しつつある。それは絶滅し続ける生物のようだ。各言語の古典が愛されることで、この事態の進行を、少しでもくい止めることができるのではないだろうか。

言語そのものの習得がむずかしいのならば、翻訳でもいい。古典に含まれている精神は伝わってくる。たとえばアイヌの民話集は、アイヌ民族の世界観、自然観を教えてくれる。「銀の滴降る降るまわりに、金の滴降る降るまわりに」で有名な知里幸恵『アイヌ神謡集』は、アイヌ民族に口伝えで謡い継がれてきた世界観を私たちに伝える。

人は、文化の伝統を背負うことで、個人として「ひとかどのもの」になることができる、とゲーテは考えていた。

「ひとかどのものを作るためには、自分もひとかどのものになることが必要だ。ダンテは偉大な人物だと思われている。しかし彼は、数百年の文化を背後に背負っているのだよ」。

　私は大学生たちに、「自分が背負っている文化伝統をいってみてください」という課題を出す。何も思い浮かばないようだと、さみしい。文化伝統は、広く考えていい。日本の野球の水準が高いのは、野球という文化が伝統として根付いているからだ。イチロー選手は天賦の才能を有しているが、彼が野球の伝統のあまりない国、たとえばドイツやネパールに生まれていたら、おそらく現在のような歴史に名を残すベースボールプレイヤーにはなっていないだろう。

　どのような文化伝統を自分は背負っているのか。そう自問することで、自分のスケールを確認することができる。古典になじむことは、文化伝統を背負う道である。

独創性という落とし穴

　文化伝統を川にたとえてみよう。どんな文化の川がどれほどの水量で自分の身の内を流れていると感じるか、イメージしてみる。クラシック音楽をピアノで弾く子どもの体には、クラシック音楽という大河が流れ始めている。

　文化伝統は「知る」ものというより「身につける」ものだ。古典は反復練習を通して、私たちの内部に住みこみ、確固たる精神を形成する。ゲーテは青春時代に、優れた詩を暗誦した。

「およそ偉大なものはすべて、われわれがそれに気付きさえすれば、必ず人間形成に役立つものだ」とゲーテは言う。

人間形成の基本は、偉大なもの、すなわち古典に出会い、刺激を受けることにある。「独創性」という一見心地よさような言葉に酔えば、勘違いが起こる。たいしたこともしていないのに、自分の「独創性」に酔い、スケールを大きくする謙虚さや意欲を失う。

ゲーテは人類史上でも傑出した才能の持ち主であった。そのゲーテにして、時折古典の偉大な力に触れて、刺激を得ることを習慣としていた。いやむしろそのような「古典に刺激を受ける習慣」を持っていたからこそ、生涯創造性を失わなかったといえる。

毎日の生活の中で、時折古典に触れる。この習慣が、内面に水流を起こす。

「私は、モリエールの作品を毎年いくつか読んでいる。それは、私が偉大なイタリアの巨匠たちの銅版画をときどき眺めるのと同じことだ。われわれのような小粒の人間は、こういうものの偉大さを、心の中にしまっておくことなどできないからな。そこでときどきそこへ帰って行って、その印象を心に蘇えらせることが大事なのだ」。

あのゲーテが自らを「小粒」と呼ぶことに、私は衝撃を受けた。ゲーテはいたずらに謙虚な風《ふう》を装う人間ではない。自他に対して客観的な評価の眼を持ち、圧倒的な(しかも根拠のある)自信を持っている。自分の作品である『ファウスト』について「とてつもなくはかり知れないようなところがある。悟性を武器にしていくらあれに近づこうとしても、無駄な話だよ」と言い切っている。

形だけの謙虚さは、自己保身であることが多い。本当に偉大なものを知る者こそ、本当の意味での謙虚さを身につけることができる。表面上、謙虚なものの言い方をするかどうかは問題ではない。古典力は真の謙虚さを教え、その分、同時代人に対する恐れや引け目を減らし意欲の持続を助ける。

また自らの「独創的才能の涸渇」におびえることもなくなる。ゲーテの次の言葉は、「独創性」という概念に酔ったり、おびえたりする現代の私たちの目を覚ましてくれる。

「独創性ということがよくいわれるが、それは何を意味しているのだろう！　われわれが、生れ落ちるとまもなく、世界はわれわれに影響をあたえはじめ、死ぬまでそれがつづくのだ。いつだってそうだよ。一体われわれ自身のものとよぶことができるようなものが、エネルギーと力と意欲のほかにあるだろうか！　私が偉大な先輩や同時代人に恩恵を蒙《こうむ》っているものの名をひとつひとつあげれば、後に残るものはいくらもあるまい」。

創造という魔術と洞察力

古典が内包する、はかり知れない力に感動する体験は大切だ。しかし、あまりに圧倒されてばかりで、飲み込こまれてしまっては力が出にくくもなる。思慮深いゲーテは、このあたりにも助言を忘れない。

「シェークスピアは、あまりにも豊かで、あまりにも強烈だ。創造をしたいと思う人は、彼の作品を年に一つだけ読むにとどめた方がいい。もし、彼のために破滅したくなければね」。

古典は、いわば劇薬だ。創造を求める気持ちが強いほど、少量の古典でも強い効果をおよぼす。偉大すぎるものとの関係は、距離が大切だ。ユダも偉大すぎるイエスに出会わなかったならば、裏切り者とはならなかっただろう。一世代でも後に生まれていたならば、太宰治の『駈込み訴え』に描かれたような、愛憎が最高度な地点で入りまじる複雑な心的状況に追いこまれなかっただろう。

シェイクスピアのために、いかに多くの優秀なドイツ人が破滅してしまったことかとゲーテは言う。とはいえ、深刻になることはない。古典は、基本的に同時代のものではなく、そもそも「距離」があるものなのだ。

私は、古典を研究することについてのゲーテのユーモアあふれる、次の言葉が好きだ。

「シェークスピアは」、「銀の皿に金の林檎をのせて、われわれにさし出してくれる。ところがわれわれは、彼の作品を研究することによって、なんとか銀の皿は手に入れられる。けれども、そこへのせるのにじゃがいもしか持っていない。これではどうにも恰好がつかないな」。

私たちは創作を必ずしもするわけではない。しかし、古典を研究して「銀の皿」を手に入れる、という目標は持ってもいい。創作力には才能も大きく関与する。しかし、洞察力ならば、古典を研究して手に入れることができる。

ゲーテ自身、造形美術に魅せられ、長年打ち込んだにもかかわらず、才能の欠如を思い知り、身を引いた経験があった。ではその長年のエネルギーの注ぎ込みは、まったくの無駄だったか。創作という生産的意味では価値はない。しかし、「洞察力を手に入れることができた」とゲーテは言う。

「ろくろく才能もないのに、音楽に打ちこんでも、その人はむろん巨匠にはなれる筈《はず》がないが、巨匠の作ったものを知り、評価するようにはなるだろうね。私もさんざん努力をしてみたものの、画家にはなれなかった。けれども、あらゆる美術の部門を探究してみたおかげで、一本一本の線を説明できるようになり、ほめるべき点と不満な点を区別できるようになった。これは、けっして小さな収穫とはいえない」。

洞察力。この力に私たちは、もっと積極的な価値を見出していい。私たちみなが創作に向いているわけではない。しかし、洞察力のある人間が増えることで、優れたものが評価され、文化の市場も豊かになり、文化の質は向上する。観る者たちの審美眼が文化を育てるのだ。古典を通じて審美眼を養うことは、私たちの使命である。

世界文学の古典をさして読んだこともないのに、小説家になりたいと思い小説らしきものを書き、時にそれが出版され、場合によってはベストセラーになったりもする。現代日本では、こんな状況も起こっている。

創作と評価（批評）は、たしかにちがうことだ。必ずしも正確な批評眼はなくとも創造はできるかもしれない。しかし、総体的にいえば、古典の素養に支えられた審美眼は、文化レベルの下支えであり、創造の基礎でもある。

評価の眼、洞察力が、文化の水準を決める。

読者が古典の教養を有する率が高ければ、文学作品の「基準」が高めに設定され、維持される。

自己発見の契機として

古典は精神を鼓舞する力を持っている。とりわけ「憧れ」が強い場合、精神の吸収力は高まる。古典に触れることが、体ごとの体験となれば、その効果はいよいよ大きく、印象は深くなる。

ゲーテは、古典からの刺激と南方の明るいエネルギーを求めて、イタリアへの旅を渇望し、敢行した。この旅が、「古典主義の大詩人」としてのゲーテを生んだ、といってもよいほど、重要な旅であった。

この旅の日々の記録である『イタリア紀行』には、古典への憧れと感動があふれている。このイタリア旅行に先立つ『若きウェルテルの悩み』には、暗い情熱と悩みが描かれ、ヨーロッパで、主人公を模倣した自殺が流行したほどだった。この作品の後、ゲーテの創作は、十年ほど沈滞する。精神的に参ってしまっていた状態を自覚し、それをいやすことのできるのは、ローマの地に身を移すことだと考えた。

イタリアへの旅は一七八六年から八八年にかけて、二十カ月にわたるものだった。旅というより、滞在あるいは留学に近い。古代ギリシア・ローマとルネッサンス期の美術研究を中心として、ゲーテ自身が眼で見て感じたことが、この本にはつづられている。三十代後半のこの「古典への旅」が、ゲーテを生き返らせ、生涯にわたる精神のふるさとになった。

ゲーテは、古代の人々の精神が息づく街として都市を呼吸した。

「私はローマを、永久のローマを見たいと思うもので、十年ごとに移りゆくローマなどを知ろうとは思わない。私に暇があるなら、私はその暇をもっと有効に利用したい。特にここにいて歴史を読むと、世界のどの場所において読むよりも異なった趣がある。他の場所では歴史は外から内にむかって読みこまれるのであるが、ここでは内から外に向って読み出されるような気がする。すべてのものがわれわれのまわりに集積しており、すべてがわれわれから出発する」。

ローマ史だけでなく、全世界史までもが、内から外へ向かって発せられる感覚。これは、歴史を肌で感じているということだ。

実物に触れておけば、後で本を読んでも思うことが深くなる。「活きた印象と結びつく」からだ。古き良きものに触れた体験が、その後の学びの基盤となる。

そして、この古き本物との出会いを通して、ゲーテは、「自己を発見することを学ぼうと思っている」と言う。ただ自分の内側を見つめても、たいしたものは出てこないことが多い。むしろ、本物との出会いを通して、自己を発見する。未来の自分のヴィジョンが加わり、自己のイメージに厚みが出てくる。

自分の精神を偉大な都市で満たし、自分の限界を拡げる。ごくわずかな都市でも多くの時間を要する学び。このような学びの実感と予感は、自己のイメージを拡げてくれる。

「私は今、自分のまだ知らないことがどれだけあるかをも悟っており、またすべてを知り、理解するための道もすでに開かれている」。

まだまだ学ぶべき魅力的なものがたくさんある。このワクワク感こそ、生きる喜びの尽きせぬ源泉となる。

古典芸術に日々触れ続け、その古典体験が蓄積してゆく。そして、それが二十カ月近く蓄積し、吸収と学びの集中期間が終了に近づく。自分のなすべきことが明確になり、意欲が確固たるものになる。

「私はいま、自分が何をなそうとしているかをはっきりと悟った。これを成就するに足るだけの気分と幸運とを、神よ与え給え。

この一週間は充実した一週間であった。私には、思い返してみると、一カ月ぐらいに感じられる。まず第一に、「ファウスト」のプランができあがったが、私はこの作業が成功してくれるようにと願っている」。

古典の良さは、偉大な精神の空気をそこから吸い込むことにある。その新たな息吹きでなすことは、古典の模倣とは限らない。美術を研究し、自分はやはり文学に徹する、とゲーテは、自己をあえて限定し、力を得た。

自己を限定する技術は、ふところの深い古典との出会いを通して磨かれる。古典を鏡として「自分には何ができるのだろうか」と自問することで、自分の道が見えてくる。

この自己発見のプロセスが、古典力の醍醐味である。

古典を固定観念から解き放つ——小林秀雄に学ぶ古文の読み

共感力からはじめる

私は高校時代、文芸批評家の小林秀雄の文章を読むのが好きだった。「もう少しわかりやすくすっきり言いたいことを書けばいいのに」と思いながらも、決めゼリフ風の文体に格好よさも感じていたりした。読んでいるうちに、自然に小林から古典の読み方を教わった。

有名な「無常という事」という短文からも、古典力を学んだ。この短文は、「一言芳談抄《いちごんほうだんしょう》」という鎌倉時代の文章の引用から始まっている。比叡の御社（山王権現）で若い女房が夜中に鼓《つづみ》を打ちながら、うたっている。この世のことは無常なので後の世をたのむ気持ちでそうしている、という趣旨の文だ。

面白いのは、小林が実際に比叡山の山王権現に行き、「ぼんやりと」うろついていると、「突然」この文章が当時の絵巻物を見るように心に浮かんだ、ということだ。

「ぼんやり」している時に「突然」、古典の文が心にありありと浮かんでくる。この突然の浮上の快感は、古典になじんでおいた恩恵だ。あらすじを読んだだけでは、この不思議な浮上は起こらない。原文が体の中に残っているから、意識しなくても浮上してくる。引用しようとして、思い出すのとは違う。ふと心に浮かぶ瞬間は、ぜいたくだ。自分でも「あれ、なぜこの古文の節がふと出てきたのだろう」と思う瞬間は、自分の内に埋めておいた宝の箱が、忘れた頃に地上に出てくるような、祝祭的な経験だ。

この場合は、比叡の御社という場所が、古文の浮上のきっかけとなった。そこで感じたのは、おそらく鎌倉時代の無名の若い女との魂の交信である。鼓を打ちながらうたう女の真情に直接触れた気のするような、深い共感的理解が起こった。現代人が「やっぱりこの世は無常だね」と軽々しく言うときの不確かな無常観(というより無常気分)に対して、小林がふだん持っていた疑念が、古文の一節によって噴出した。

もっとたしかな無常観がかつてあったのだ、という確信がふと得られた。この確信が、「無常という事」のラストの決めゼリフ、「現代人には、鎌倉時代の何処かのなま女房ほどにも、無常という事がわかっていない。常なるものを見失ったからである」を生む。

遠く離れた時代の名も知らぬ人の心の奥底にある感慨に触れ、共感する経験は、私たちが現代のこの世に生きる意味を深くしてくれる。私たちは、現代人とだけつき合うと思わなくてもいいのだ。古人との魂の交感の方もありうる。いや、むしろ古人との関係の方が「魂」と言いたくなる領域における交感は成立しやすい。古人は歴史の中でたしかな者として存在しているので、日常にまぎれることなく、深いところで共感しやすいのかもしれない。

古人の思いがたしかなものとしてブレずにそこにあるとするならば、それは自分で自分の思いを知る相手として望ましい。壁にボールを投げ、そのはね返り方や衝突音から、自分の調子を知るようなものだ。あるいは、壁に触れて自らの掌の感触を知るようなものだ。

時は多くのものを押し流してゆく。それぞれの時代に生きた膨大な人の思いは、ほとんどの場合、跡かたもなく消え去る。

しかし、古典として残った文章に込められた思いは、形あるものとして私たちの目の前に現れる。時代を隔てれば隔てるほど、感覚のずれを感じるはずだ。しかし、そうはならないのが古典のいいところだ。しかもひとたび共感を感じれば、「こんなに時代を隔てても思いを分かちあえた」と感慨にふけられる特典もある。

固定観念から脱してみる

古典(古文)は一種の「魂の避難所」としての役割を持っている。現在の状況で追い込まれ、行きづまりを感じたり、居場所や仲間がいないと感じるときほど、古典に浸るチャンスは生まれる。

小林秀雄が「平家物語」、「徒然草」、「実朝」などの古典の批評を書いていたのは、昭和十七、八年、まさに戦時中だった。「戦時中に古文の批評とは、変わっているな」と高校時代には思ったが、むしろ戦時中だからこそ、自らの拠《よ》って立つべきところを求める思いが高まっていたともいえる。

周囲の人間と同調し、同じ空気で時代に流されてゆくよりは、遠い古人との魂の共鳴を求める気持ちは理解できる。私たちも行きづまったときに、周囲の人間に相談を持ちかける志向だけでなくていい。古典の世界に浸ることで静かに自分を見つめる「時」が避難所となる。これは、古典力によって人生の危機を自ら救うということだ。

古典を楽しむコツの一つは、「古典」という一くくりでまとめてしまわないことだ。見慣れていない民族の顔は、似たように見えてしまいがちだが、見慣れてくるうちに一人ひとりの顔の個性の違いがわかるようになる。

古典にも一つひとつ顔がある。「なんとなく古い文章だなあ」という印象で「古典(古文)」という一つの箱に詰めこんでしまうと、違いが見えてきにくい。しかも、高校の古文の授業が終わり、受験も通り過ぎると、「古典」という箱自体を自分の心の押し入れの奥深くにしまいこんでしまい、再び開けることもない人も多い。

「古めのものはとりあえずこの箱に詰めこんで」という考えを変えて、一つひとつの古典の顔をゆっくり眺めてみることにする。すると、好みの顔が自分でもわかってくるようになる。

小林秀雄は「徒然草」という四ページほどの文章で、徒然草、および兼好法師の「顔」は特別なものだよ、と言っている。

たとえば有名な冒頭。「徒然《つれづれ》なるままに」という書き出しから、後世の人が「徒然草」という書名を付けた。感じが良い上に覚えやすい、一見上手なネーミングに見える。

しかし、落ちついて最後まで、この冒頭の一文を読めば、「怪しうこそ物狂ほしけれ」というのだから、「徒然草」という言葉から受けるイメージとは、ずいぶん違う。「物狂ほし草《ぐさ》」というタイトルでは人気は出なかったかもしれないが、筆を手にしたとたん、書きたいことであふれて苦しくさえなってしまう兼好の気持ちは、この方がよく伝わる。

洞察力がありすぎて苦しくさえなる。この感じが「徒然草」というおしゃれなタイトルでは、かえって伝わりにくい。小林は、このタイトル付けについて、「どうも思い付きはうま過ぎた様である。兼好の苦がい心が、洒落《しゃれ》た名前の後に隠れた」と指摘し、「兼好にとって徒然とは「紛る、方無く、唯独り在る」幸福並びに不幸を言う」と書いている。

『徒然草』というタイトルからなんとなくイメージを作ってしまい、本当の顔を見ずじまい、というのではもったいない。

小林に「兼好は誰にも似ていない。よく引合いに出される長明なぞには一番似ていない」と言われて、『方丈記』と比較して読んでみると、たしかにまったく見ているものが違う。

古文の教科書では、同じグループのように並んでいるが、まったく質の違うものなのだ。「『枕草子」との類似なぞもほんの見掛けだけの事」だと言われて、比べてみると、たしかに違うものだ。

イメージで決めつけない。「古典」や「随筆」という固定観念で一くくりにしない。この「決めつけないでしっかり実際に目の前にあるものを注意深くみる」という姿勢は、フッサールの現象学にも通じる。先入見を排することで、ずいぶんと現物の感触が味わいやすくなる。

ただ、有名な作品ほど、どうしてもイメージが先行し、知っているつもりになってしまう。たとえば『平家物語』は、どんなイメージで一般に捉えられているだろうか。一番に思い出すのは、冒頭の「祇園精舎の鐘のこえ、諸行無常のひびきあり……」だろう。「平家物語といえば、無常感」という図式ができあがってしまっている。しかし、無常感といえば、『方丈記』も『蜻蛉日記』も同じグループに入ってしまう。しかし、『蜻蛉日記』と『平家物語』では、ぜんぜん違う。

第一章の「演劇的音読」で引用したが、那須与一が扇を射る場面(扇の的)など、実にダイナミックで、「ザ・活劇」という勢いがある。小林秀雄は、宇治川の合戦のラストには「勇気と意志、健康と無邪気とが光り輝く」という。畠山重忠に川の中で助けられ、陸へほうり上げられた大串の次郎が、自分が先陣だと名乗りをあげる場面は原文ではこうなっている。

「投げ上げられてたゞなほり、太刀《たち》をぬいて額にあて、大音声《だいおんじやう》をあげて、武蔵の国の住人大串の次郎重親、宇治川の歩から立《たち》の先陣ぞや、とぞ名乗つたる。敵も御方《みかた》もこれを聞いて、一度にどつとぞ笑ひける」。

助けられてもらってようやく岸に上がったのに、先陣の名乗りをあげる。若者の無邪気さに敵も味方もいっしょにどっと笑う。そして戦闘が始まる。映画のワンシーンとして目に浮かぶ文章力だ。

小林は、「込み上げて来るわだかまりのない哄笑《こうしょう》が激戦の合図だ。これが「平家」という大音楽の精髄である。「平家」の人々はよく笑い、よく泣く。僕等は、彼等自然児達の強靭《きょうじん》な声帯を感ずる様に、彼等の涙がどんなに塩辛いかも理解する」という。

つまり、『平家物語』の精髄は、そこで生きて動く人間たちの肉体性、身体であり、その生きいきした身体を情景とともに見事に描写する日本語の力だ、ということだ。

それが『平家物語』の魅力だとすると、冒頭の無常感という仏教思想とは、ずいぶんイメージが違ってくる。

『平家物語』といわれて、冒頭の「祇園精舎の鐘のこえ」しか思い出せないとすれば、せっかく箱入りのおいしいお菓子をもらったのに、箱だけ見て終わっているようなものだ。中身を味わわなければもったいない。

現代の私たちは、暗誦というとつい冒頭を少しだけ覚えるのにせいいっぱいだ。だから、冒頭という箱のイメージばかりが強くなる。冒頭が名文の場合、暗誦にはもちろん意味はある。が、中身の名場面の二、三を暗誦できていると、菓子の味を満喫できた気分になれる。

古典の醍醐味は、スケールが大きい人物が出てくるところだ。現代にはありえない状況で、人間の彫りが深くなる。「こんな状況ありえない」、「こんな人間がかつていたのか」と感動する。一方で、古典のもう一つの楽しみ方は、「これは今なら何に当たるだろうか」と想像してみることだ。

たとえば、二〇〇九年の第二回ワールド・ベースボール・クラシック（WBC）決勝の韓国戦でイチロー選手が決勝点となるヒットを打った場面には、まさに「扇の的」の那須与一の緊迫感と奇跡が重なった。それまで不振を極めたイチロー選手は追い込まれた中で最高の集中力を見せた。試合直後のインタビューでは「最後においしいとこだけいただきました」とおどけたが、後のインタビューで「あれがおいしいわけがない。あそこでヒットを打てなければ、僕はこれまで積み上げたすべてを失うかもしれなかった」という趣旨の話をしている。まさに与一の「自害して、人に二たび面《おもて》をむかふべからず」の心境だ。

二人に共通しているのは、「精神」の形だ。期待を背負い、代表として使命を果たすべく、命懸けで臨む精神。二人の精神が時を隔てて一致するところに、古典の力を感じる。

ここまで極まった状況ではないが、私たちにも、こうした責任を背負う精神が求められるときがある。そんなときに、自分一人の「心」で対処するのではなく、与一の「精神」を言葉とともに思い返し、身の内によみがえらせることで対応できたなら、心強い。

使命を背負う「精神」を継承するつもりで、音読・暗誦すれば、古典の生命力は、自分の中で燃えあがる。

第三章　マイ古典にしたい名著五〇選

「五〇選」のはじめに

古今東西の古典になじむきっかけとして、五〇点を選んで、私なりの紹介をしてみた。選ぶ視点としては、古典としての評価が高いもの、現代に生きる私たちにとって多くのヒントを含むもの、がんばれば読めるもの、できるだけ多様なもの、心身の芯を揺さぶり活性化させる力のあるもの、人に話すとちょっといい気分になり聞いた人にもお得感があるもの、を意識した。

詩集や童話などは今回は除外した。また、日本近代文学はあまりに名作が多くそれだけでいっぱいになってしまうので、選定の範囲外とした。この五〇点には、それぞれすぐれた解説書が出ているので、それらを参照していただきたい。

作品世界にどっぷり浸かる

カラマーゾフの兄弟

ドストエフスキー

これぞ最高峰の総合小説。これを読まずして文学を、いや人間を語るなかれ。この最高に面白くて深い傑作を読破するのが最もコストパフォーマンスもいい。「カラマーゾフ家の好色な父をだれが殺したのか」という推理サスペンス的興味で読者を引っ張りつつ、深い問いの森へと読者を誘いこむ。

人間の生とは何か、欲望とどう向き合うか、神はいるのか、傷ついた魂は癒されるか、父と子とは、人の真心・良心とは、希望はどこにあるのか。答えは一つではない。気質も立場も価値観も異なる登場人物たちが、猛烈な勢いでぶつかり合い、対話しまくる。一人ひとりが「過剰な人間」であり、それが総当り戦で激突し合う。

放出されている総エネルギー量において、古今随一だ。それぞれが心の地下室を持ち、その地下室のエネルギーが、人との出会いで噴出する(『地下室の手記』参照。自意識とは何かがわかる)。バフチンのいう「ポリフォニック(多声的)」で「カーニバル」的な場が生まれる。自意識を持ち、自分の世界観を持つ者が対話のバトルロイヤルをくり広げる。読者は過剰な人々の祝祭空間にまきこまれ、人間の深みにはまる。読書はもはや体験となる。

主人公は新たなキリストの可能性を秘める青年アリョーシャ。好色で恥知らずの父フョードル

（最低でサイコー）、荒々しく情熱的な長兄ドミートリィ、無神論者で革命を企てる次兄イワン。まったく異なる三人だが、三男アリョーシャには心を開く。カラマーゾフとは黒く塗られた欲望だ（江川卓『謎とき『カラマーゾフの兄弟』』参照）。女好きと強欲と神がかり。これがカラマーゾフだ。

ドミートリィは、情欲にまみれ屈辱的な状態で頭からまっさかさまに堕落することこそ本望だ、「俺はカラマーゾフだからさ」という。アリョーシャもまた、「僕だってカラマーゾフですからね」という。読後、私たちは自分の中のカラマーゾフ的な要素を見ることになる。あるいはその要素の欠乏を残念に思うかもしれない。

カラマーゾフに火を点《つ》ける女、グルーシェニカの魅力はすさまじい。父も息子もやられる。「あれは虎だわ！」とカテリーナが叫ぶ場面は必見。二人の対決場面を大阪のおばちゃん数百人と音読したが異常に盛り上がった。二等大尉と息子のイリューシャは切ない。金を踏みつける場面は最高。「お前のもたらした自由は人間には重荷だった」とイエス（の生まれ変わり）に問う大審問官の章は不滅。絶望したアリョーシャが大地から立ち上がる場面には震えた。希望あふれるラスト。名場面は数知れないが、これがメインメッセージだ。

「人生の意味より、人生そのものを愛せ！」

源氏物語

紫式部

千年紀を迎えたこの世界的古典へのアプローチとしては、まず現代語訳で筋をつかんでおいて、原文を味わうのが実りが多い。

原文は手強い。大学受験の頃、会話部にカギカッコなどない原文を読み解きながら、正直英語の方がわかりやすいと感じた。同時に「これほど「だれがだれに」を省略しても通じていたとはなんという奇跡の言語か」と感嘆した。今は原文に主語を補い、会話をカギカッコにし、訳も付けた本もあるので便利だ。

原文全巻読破は全国民の夢ではあるが、「いづれの御時にか」から順に読もうとすると挫折する。ここはひとつ割り切って、近代小説に近く登場人物たちの心理が絶妙に描写されている「若菜」を訳で読むところから始めてみよう。源氏物語の大家折口信夫《おりくちしのぶ》も「源氏は「若菜」から読めばいい」といっている。

源氏は四十歳ほど。かつてのまさに光輝く君が、人生の秋を迎える。千年に一人のモテ男がいかなる運命を甘受するか。「若紫」の巻で「雀の子を犬君《いぬき》が逃してしまった」と泣いていた可憐な少女が源氏の妻（紫の上）となり、どのような最期を迎えるのか。父桐壺帝の妻藤壺との禁断の恋に走り妊娠までさせた源氏は、どのような報いを受けたか。それまでの物語が伏線となり、人生の苦悩の大劇場となる。

心が動いた場面は、原文を声に出して読んでみる。源氏物語の世界が身にしみ込む。千年の時を超える感覚は格別だ。

たとえば「若菜上」、源氏と紫の上の安定した関係を引き裂くように降嫁してきた女三の宮（朱雀院の娘）のところに連日通う源氏が、紫の上に言い訳がましく相談する場面。「今宵《こよひ》ばかりは、「ことわり」と、ゆるし給ひてんな（今夜だけは義理だから行くのを許してください）」と苦しげにいう源氏に、紫の上は「すこしほゝ笑《ゑ》みて、「身づからの御心ながらだに、え定《さだ》め給ふまじかなるを。まして、「ことわり」も、何も、いづこにとまるべきにか」」と突き放す。

この「ほゝ笑み」にどれほどの苦悩が隠されているか。出家さえも許されない紫の上の身の上に胸が揺さぶられる。こんな時にも紫の上は硯《すずり》を引き寄せ、「目にちかく移れば変る世の中を行く末とほく頼みけるかな」と歌を書き、それを源氏が手に取り返歌をする。こんな心のやりとりのできた空間自体が奇跡だ。

他にも葵の上に六条の御息所《みやすどころ》の生き霊がとりつく有名な場面は、「「いと怪《あや》し」と、おぼしめぐらすに、たゞ、かの御息所なりけり」とわかりやすい。着物に染みついた芥子《けし》の香で生き霊が自分だと御息所が悟る場面は切ない。

千夜一夜物語（アラビアンナイト）

『千夜一夜物語』は、異国情緒の香りで読む者を夜ごと幻想に誘うイスラム世界の古典だ。『コーラン』が特別な位置を占めるが、私たちが普通に読んで楽しめるのは、アラビアンナイトだ。「シンドバッドの冒険」や「アラディンと魔法のランプ」など、子ども時代にワクワクした物語が満載だ。古代からの無数の説話が集められたもので、この一冊という原典は特定しにくい。世界最古の文献は九世紀初期のものだが、時代によって色々なまとめ方がされている。

西洋人によって「発見」され紹介されたのは、ガラン（フランスの東洋学者）がアラビア語から訳した十八世紀だ。ガランが紹介した「アリ・ババと四十人の盗賊」は、原文が見つからず、創作の疑いもかけられたが、紹介後二百年経って、アラビア語原典が発見された。様々な物語の起原は広範囲だ。ギリシアなどの地中海からのものもある。

アラビア語原典から『アラビアン・ナイト』を訳した前嶋信次『アラビアン・ナイトの世界』によれば、シンドバードとオデュッセウス（ギリシア神話）には共通点が多い。広範な地域と長い時をまたいで集められた説話が、すべて強烈なイスラム世界流のアレンジを加えられて、独特なイスラムの香りに満ちた物語群となった。もともとはバラバラな話がシャーラザッドが夜ごと王に語り続けるという枠にはまって統一感を獲得した。

子ども版でなじんだ人は、ぜひ大人の古典として読み直してほしい。男と女の色欲が物語の原動力となっているのがわかるだろう。そもそも王が夜ごと一人の処女と交わり、翌朝殺し続けるようになったのはなぜか。それは、妃が黒人の奴隷と不倫の交わりをするのを見て絶望し女性不信に陥ったからだ。「この大地の表面《おもて》には、今も昔も貞節な女など一人もいない」と王は嘆く。他の物語にも妻に裏切られる男の話が頻出する。イスラム世界では男性優位と言われるが、物語の男たちは女性に振り回されている。「女というものはいったんこうと思いつめると、男がどんなに拒もうと、思いをとげるものだ」という女の言葉は中世イスラムの女性観を変える。

アラビアンナイトの楽しさは、空想と現実が入りまじっているところだ。『百年の孤独』で空飛ぶじゅうたんが飛ぶ場面は千夜一夜的だ。現実の生活がうかがい知れるのも楽しい。たとえば「バグダッドの軽子(荷担ぎ)と三人の女」。女は、オスマンのマルメロ、エジプトのライム果、スルタンの蜜柑とシトロン、ダマスクスの白睡蓮、麝香《じゃこう》のばら、沈香《じんこう》、竜涎香《りゅうぜん》などを買う。東洋人の私たちでも異国情緒、オリエンタリズムに浸ってしまう。バートン版の詳しい註はイスラム社会の雰囲気を伝える。イスラムの香りは強烈な誘引力で私たちを物語に引き込む。

古川日出男『アラビアの夜の種族』は、まさにアラビアンナイトらしい壮大な想像力。古典に触発されて生まれた傑作。想像力の奇跡としては、ミカ・ワルタリ『エジプト人』も傑作。

百年の孤独

ガルシア＝マルケス

この本を読んでいると、時間と空間がゆがむ。今はいつなのか、自分はいったいどこにいるのかがわからなくなる。時空の迷路に入り込む。この混沌とした感覚を楽しめれば、大丈夫。解釈は二の次でいい。

ブエンディア家とマコンド村のわけのわからない「蜃気楼」のような百年を体験すれば、文学にはここまでの力があったのかと心底驚嘆するにちがいない。ノーベル文学賞によって価値が上がったというより、この作品への授賞でノーベル賞の価値が高められたと私は思う。コロンビア出身だからこそ書けた、世界の不滅の傑作だ。

難しい思想は出てこない。要約不能なエピソードが次々登場する。うねうねと続く混沌とした物語を読むにはコツがある。展開や結論をあせらず、堂々めぐり的な時間を味わうのが大切だ。現実と虚構が入りまじるのを楽しむ。突然、空飛ぶじゅうたんが飛んでいても「そんなこともマコンドではあるよなぁ」と受け入れる。「ラテンアメリカの黙示録」的なワールドに入りこんで慣れてしまうのが先決だ。

たとえば、冒頭の一文。「長い歳月が流れて銃殺隊の前に立つはめになったとき、恐らくアウレリャノ・ブエンディア大佐は、父親のお供をして初めて氷というものを見た、あの遠い日の午後を思いだしたにちがいない」。この魅惑的な一文を読んだら、つい誘いこまれる。父はジプシーが持ってきた氷を初めて見て「こいつは、世界最大のダイヤモンドだ」といい、子は手をのせ「煮えくり返ってるよ、これ！」と驚き、父は悩みも忘れて夢中になり「こいつは、近来にない大発明だ！」と叫ぶ。とりあえず、この冒頭の二十ページ弱を読んでみてほしい。

マコンド村には独特な時間が流れる。伝染性の不眠症が流行し、物忘れという症状に進行する。みんな眠れない。「きんぬき鶏の話を聞きたいか」と聞き、「聞きたい」といわれると「聞きたいと答えてくれと頼んだおぼえはない」とわけのわからない堂々めぐりを幾晩も続ける。

父は「大へんなことになったぞ」「空を見ろ。今日もやっぱり月曜日なんだ」といい出す。大佐は魚の細工物を売って得た金貨を魚の細工物に変える堂々めぐりをくり返し、悩みから逃れ、「孤独」と名誉の講和を結ぶ。アマランタは「孤独に打ちかつためではなく、まったく逆に、孤独を保ち続けるために」、経かたびらを織ってはほどくをくり返す。

人々は関わり合っている。しかし孤独だ。孤独とは何か。愛の欠如だ。愛の欠如に皆がもがき堂々めぐりをくり返す。百年の孤独はどう終わるのか。そのとき村はどうなるのか。予言者メルキアデスが羊皮紙に残した暗号とは。謎が私たちを迷宮に誘いこむ。記憶さえぼやける混沌の中、母ウルスラだけが大地のように揺るがない。

嵐が丘

エミリー・ブロンテ

いかにも名作古典ということでかえって敬遠したり、なんとなく読んでなかったりしていたら、もったいない。私自身実は、女子用名作と思い込んで読むのが遅れ、悔やんだ。

ロマンティック・サスペンス・ホラー・コメディとでも呼びたいほどいろいろな要素が楽しめる。もあきれるほどの復讐心を持ち続ける稀代の悪役《ヒール》ヒースクリフが暴れ回るプロレス的魅力に満ちている。これほど性格に難ありの情熱男も珍しい。恋する相手のキャサリンも負けないパワーを持っている。

「嵐が丘」という屋敷の主人に拾われた孤児ヒースクリフは、娘のキャサリンに恋焦がれ、キャサリンもヒースクリフに想いを抱くも、エドガーというお坊っちゃんと結婚してしまう。屋敷を去ったヒースクリフは富を得て、自分たちを引き裂いたすべてのものに復讐するために「嵐が丘」に戻ってくる。

キャサリンは結婚前に使用人のネリーに、自分がヒースクリフを愛しているのは、ハンサムだからじゃなく、「ヒースクリフがわたし以上にわたしだから」という。「ヒースクリフの魂とわたしの魂は同じ」、「わたしの大きな不幸はヒースクリフの不幸そのまま」、「たとえほかのすべてが滅びても、ヒースクリフさえいればわたしは存在し続ける」。恋の炎がメラメラ燃えている。

このキャサリンの想いを知るヒースクリフも燃え上がる。「キャサリンを失ったら、人生は地獄」、エドガーみたいな「あんななよなよしたやつが八十年かかって愛したところで、おれの一日分にも及ぶまい」。

しかし、キャサリンはエドガーと結婚し、娘（同じキャサリンという名）を産み、亡くなる。死の床にあるキャサリンに、「なぜ自分の心に背《そむ》いた？」、「きみは自分で自分を殺したのさ」、きみが自分の意志でぼくたちを引き裂いたんだというヒースクリフにわたしもあなたを許すから、「わたしのことも許して」という。キャサリンを失ったヒースクリフの荒ぶる魂はしずまらない。「嵐が丘」だけでなく、宿敵エドガーの屋敷まで手に入れる。

「おれをこわがっているやつを見ると、おれは妙に凶暴な気分になる」というナイスなヒールに、キャサリン（娘）はかみつく。母譲りの激しい気性だ。キャサリン（母）死後も情熱の冷めないヒースクリフは、墓を掘り返して顔を見る。

この激しすぎる傑作を楽しむには、頭の中で映画化していくのがいい。英国ヨークシャー、風の吹きすさぶ丘、さびしい大屋敷をイメージする。隠れた主人公はこの荒れた風だ。語り手のネリーは元祖「家政婦は見た！」的存在だ。情熱の嵐を存分に楽しみたい。

ファウスト

ゲーテ

私はゲーテを師として、エッカーマンの『ゲーテとの対話』を通じて師の助言を技として身につけようとしてきた。「重要なことは、けっして使い尽すことのない資本をつくることだ」。「修業の限界をあまり広げすぎないように注意すべきだね」。「結局、最も偉大な技術とは、自分を限定し、他から隔離するものをいうのだ」。「いつ作ったかという日付を書いておく」。ゲーテの一言一言を聴きもらすまいと三色ボールペンで言葉を浮き立たせた。

人間の本質を洞察し、世界的文学作品を仕上げ、科学研究をし、政治家としても成功した。ゲーテの器ははかり知れない。そのゲーテが詩人としての天職の才と人生経験と洞察をすべて注ぎこんだのが『ファウスト』だ。二十四歳で書きはじめ、死の前年八十二歳で書きおえた。まさに畢生《ひっせい》の大作。原文は韻文で劇的構成となっているので、役者もしくは演出家の気分で読むのもいい。有名な場面を拾い読むのでもいい。

たとえば第一部冒頭。哲学も法学も医学も神学までも研究したが「可哀そうにおれという阿《あ》呆《ほう》が。昔よりちっとも利口になっていないじゃないか」と嘆き、新しい世界を渇望し、「姿をあらわせ、命をとられてもいい」と霊を呼ぶ。「書斎」の場面で悪魔メフィストーフェレス登場。「君は何者だ」とファウストに問われ、「常に悪を欲して、しかも常に善を成す、あの力の一部分です」とかっこよすぎる自己紹介をする。

ファウストはこういう。「賭《かけ》をしよう」。「私がある瞬間に対して、留《とど》まれ、お前はいかにも美しい、といったら、もう君は私を縛りあげてもよい、もう私はよろこんで滅びよう」。「時よ止まれ、おまえは美しい」というあの有名なフレーズがこれだ。あまりにも美しい瞬間に出会えたならば悔いはない、魂を持ってゆけという契約だ。この場面を小学生と音読したら大人気だった。

ファウストは続ける。「私は目もくらむほどの体験に身をゆだねたいのだ」。「全人類に課せられたものを、私は自分の内にある自我でもって味わおう、自分の精神でもって最高最深のものを敢《あ》えてつかみ、人類の幸福をも悲哀をもこの胸に積みかさね、こうして自分の自我をば人類の自我にまで拡大し、結局は人類そのものと同じく私も破滅しようと思うのだ」。なんとも壮大な意識だ。このセリフを音読するだけで気持ちが神話的スケールになる。

『ファウスト』には「とてつもなくはかり知れないような所がある」とゲーテ自身がいう。八十歳のゲーテは書き上げるたび、食後にエッカーマンや家族を前に朗読した。ゲーテの朗読によってエッカーマンは「ファウストの身にのりうつって」いる感じがした。なんともぜいたくな食後だ。ファウストの魂の行方については、第二部第五幕を読むべし。

ドン・キホーテ

セルバンテス

『ドン・キホーテ』を読み継ぐ日々は夢の日々だ。岩波文庫だと六分冊のこの物語を長くて大変だと感じるのははばかげている。のんきでせつない夢は見始めたら、できるだけ長く見ていたくなる。「有名な古典だから読まなければ」という強迫的意識ともっとも遠い距離にある名作だ。

近代小説の祖と呼ばれる本書は、騎士道物語の読み過ぎで自分を騎士だと思い込んだ男を描いている点で、それまでの物語への批判意識を含んでいる。近代小説がそれまでの物語のパロディから出発しているところが面白い。ドン・キホーテの意識と彼を取りまく人々の意識の「ずれ」が推進力だ。「意識のずれ」が生み出す摩擦熱が近代小説世界を盛り上げる。現象学的社会学者のシュッツは「マルティプルリアリティ（多層的現実）」という概念をこの本の解釈に用いた。意識次第で現実は違って見える。現実は一つではない。ドン・キホーテほどずれていなくとも、私たちはそれぞれの世界を生きているのだ。

サンチョとのコンビは不滅だ。ボケとツッコミの究極の形を見せてくれる。サンチョがいるからドン・キホーテが生きる。風車を巨人と思いこみ突進し、はねとばされる有名な場面。「風車にちげえねえだから、と言ったでねえか。頭んなかを風車がらく回ってる人間でねえかぎり、わかりきったことだによ」。「だまらっしゃい、わしの友サンチョ」と始まるやりとりは最高だ。

騎士道と冒険を教えようとするドン・キホーテに「かたく御辞退申しあげるだ」といいつつも、しっかりつき合う。サンチョは現実的な眼を持ちつつも、主人から領地をもらえると思いこんでいる時点で主人の妄想にとりこまれている。領地の打算だけで従者となっているわけではない。他の従者に、こういう。

わしの主人は「ずるいどころか、水瓶みてえなたましいでね、誰にもわりいことができず、みんなにいゝことをしたがって、わるぎってものをまるで持たねえだ。（略）それほど単純なんで、わしゃ主人が心の臓みてえに好きだ。それで、どんなにばか〱しいことをされても、捨てていぐ気になれねえだよ」。ここを音読すると私はちょっとウルウルしてしまう。

コンビで生きるとはなんとすばらしいことか。ドン・キホーテが死の間際、正気にもどり、妄想に巻きこんで悪かったと謝ると、「死なねえでくだせえよ」、騎士の世界では、「きょうは負けてもあしたは勝つだよ」と、むしろ妄想世界への復帰を懇願する。

人に危害を与えず、むしろ喜びを与える「あこがれ名人」とそれを生かす友。こんなコンビが新しい領野を切り開き、時代に活力を与える。強い「あこがれ」が人を動かし、世を明るくする。

たった一冊の本が、時代を、社会を変えた

方法序説

デカルト

「われ思う、ゆえにわれあり」は、言葉としてはだれもが知っている。しかし、この言葉を自分の存在の根本原理として生きている人がどれだけいるだろうか。この本を読めば、この言葉が、人としての原理であると同時に学問の原理でもあることがわかる。デカルトのこの言葉は、近代的自我確立の宣言であり、近代の精神の幕開けを告げる鐘だったのだ。デカルトの偉さを身にしみて実感することが出発点となる。

原著は一六三七年。正確なタイトルは、「理性を正しく導き、学問において真理を探求するための方法序説」。つまり、私たちが「理性」を中心として生き、その理性を武器として一歩ずつ学問（真理の探求）を行なうための方法を簡略に述べたものだ。

かといって堅苦しいものではない。デカルトの肉声で人生が語られている。精神の歴史が正直に誠実に語られていて、「この人はなんとも偉い人だな」と素直に思えてくる。読みやすくて、魂がこもっている、歴史を作った名著はそうあるものではない。

デカルトは、「手に入ったものはすべて読破」し、当時の最先端の学問を修めた上で、自分を満足させる確かな学説はないと感じた。そして旅に出た。「世界という大きな書物」に出会い、さまざまな経験を積んだ。

書物と世界の両方で修練を重ねつつ、「自分の行為をはっきりと見、確信をもってこの人生を歩むために、真と偽を区別することを学びたいという、何よりも強い願望をたえず抱いていた」。世の中は白と黒、真と偽だけでできているのではなく、ほとんどがグレーなのだから、デカルトのこの願望にはムリがある、というのは簡単だ。しかし、ポイントは、外的権威に頼らず、自分自身をあらゆることの基準とする覚悟を決めたことにある。自分の理性を、宮本武蔵の剣のごとく技として、磨き抜く。理性を習慣とするために修練を重ねた。

四つの規則を思考方法の技とした。一、速断と偏見を避け、明証的に真と認めるもの以外は真として受け入れない。二、小部分に分割する(分析)。三、単純なものから複雑なものへ行く(総合)。四、完全な枚挙と見直し。この四つの規則に絞り込み、自身を習慣づけた。「理性の武士」と呼びたい気迫が行間にあふれている。考え抜いて判断したらあとは迷わず果断に行動し、後悔しない。これがデカルト的生き方だ。第一の格率は、法と慣習に従い、良識ある人の考える穏健な意見に従う。「極端は悪いのが通例」で修正も難しい。第二は、一度決めたあとはその意見を「きわめて真実度の高い確かなもの」とみなす。これによって「後悔と良心の不安のすべてから、解放された」という。実存主義の先駆けともいえる。

デカルトは、x、y、z軸の空間座標を開発した。各人が宇宙の原点0《ゼロ》となるのが、「われ思う、ゆえにわれあり」だと私には思える。

星界の報告

ガリレオ・ガリレイ

天体望遠鏡で月や星を見て、私たちは興奮した。ガリレオの興奮は、世界史を変えるほどのものだった。『星界の報告』からは、世界観・宇宙観を大きく変える発見をした興奮が伝わってくる。

ガリレオは一六一〇年、ユピテル(木星)のまわりを回転する四つの衛星を発見した。メディチ家のコジモⅡ世に、この星を「メディチ星」と名付けたいと、地上的な配慮をこの本の冒頭で述べているが、ガリレオの情熱と関心は天上の世界に向けられている。この天文学的報告の十カ月ほどまえ、あるオランダ人が筒眼鏡を製作したと聞いたガリレオは、「ついに自分でも思いたって、同種の器械を発明できるように、原理をみつけだし手段を工夫することに没頭」し、屈折理論に基づいて、三〇倍に拡大して見える望遠鏡を作り上げた。理論に基づいて製作した点、そしてそれを地上の観察ではなく天空の観測に用いた点がガリレオの功績だ。まず月面を見る。観察により月の表面がデコボコであることを発見する。月の動きの観察により、「月と地球との関係および類似性がいっそう明らかになる」とガリレオはいう。何気ない一文だが、これは衝撃的な認識を含んでいる危険な一文だ。

地球のまわりをめぐる月のように、地球もまた太陽のまわりをめぐる惑星の一つにすぎない、ということになる。もっと踏み込んで、「コペルニクスの宇宙の構造」を拒否する人々に「すぐれた論拠を示して、その疑惑をとりのぞこう」といっている。

「四つの星は木星とともに、一二年の周期で太陽のまわりを大きく回転している。同時に、地球のまわりの月とおなじく、木星のまわりをも回転している。感覚的経験がこのことを示しているいま、惑星が二つ、太陽のまわりに大きな軌道を描きつつ、同時に、一方の惑星のまわりをほかの一つが回るということが、どうして考えられないか」。月が回っているからといって地球が宇宙の中心とはいえない。のちのガリレオ裁判を予想させる、危険なほど明快すぎる言明だ。

ガリレオの信条は、「論より証拠」。「もっともらしい議論に訴える必要はありません。ゆえあって、たれも反論できないように、このことを結論し証明することができるのですから」。観測された事実がもっともらしい議論にまさる。このルールをしっかり設定したのがガリレオの功績だ。

主著『天文対話』の「太陽の黒点」(これもガリレオの発見)の考察でも、「自然学的科学では雄弁術は無効」とし、千人のアリストテレスも「真実を学んだものに対しては馬からおりなければならない」といっている。

ガリレオの本を書棚に備える意味は、「論より証拠」を生きる指針とすることにある。それが、地動説という真実を『天文対話』で論証したために異端審問にかけられたガリレオに報いることにもなる。ガリレオは「メディチ星」と名付けたいと書いたが、現在は「ガリレオ衛星」という正当な名称で呼ばれている。

社会契約論

ルソー

一七六二年に公刊され、二十七年後のフランス革命の導火線となった、世界史に影響を与えた古典だ。王政を打破し、人民主権の国家を造り上げる過程で、この本は理論的精神的な柱として大きな力を発揮した。日本でも『民約論』として訳され、自由民権運動に力を与えた。

私たちは、国民主権の国家を持ち、自由と平等を憲法によって保障されている幸福を、「近代デモクラシーの父」ルソーに感謝しなければならない。ルソーは、教育学の古典『エミール』とこの『社会契約論』を公刊したために、二度の逮捕状を出され、迫害された。失意の晩年を送り、フランス革命を目にすることなくこの世を去ったルソーの勇敢な魂のためにも、一度は読んでおきたい古典だ。

ポイントははっきりしている。人間は「自然状態」においては、自由で独立した存在であったが、実際の「社会状態」においては不平等が生まれ、「いたるところで鎖につながれている」。不平等が生まれるプロセスについては、すでに『人間不平等起原論』(格差が拡大する今、読んでおきたい名書)で論じている。各人がそれぞれ持つ「特殊意志」だけにまかせておくと利己主義傾向により差別や専制が生じる。もっと公共的な利益をつねにめざす集合的な意志が必要だ。それが「一般意志」だ、とルソーはいう。権利はまず国家の構成員である人民一人ひとりにある。それを各人相互の契約

（社会契約）によって結合する。「この結合行為は、直ちに、各契約者の特殊な自己に代って、一つの精神的で集合的な団体をつくり出す」。こうした団体の意志が「一般意志」だ。私たち各々は「身体とすべての力を共同のものとして一般意志の最高の指導の下におく」。この一般意志は人民が支えるものだ。

当時の支配的思想である王権神授説による王政擁護派にとっては、この人民相互の契約による国家は許しがたい。社会契約とは、社会との契約ではなく人民相互の契約だ。支配者と人民の契約という服従契約説を、ルソーは全面的に排除する。

ルソーの思想は骨太だ。確固たる理想がある。人間は体力や天分では不平等かもしれないが、約束や権利によって平等となる。ルソーにとっての根本的な問題とは何か。「各構成員の身体と財産を、共同の力のすべてをあげて守り保護するような、結合の一形式を見出すこと。そうしてそれによって各人が、すべての人々と結びつきながら、しかも自分自身にしか服従せず、以前と同じように自由であること」。だれもが解決を願うこの根本問題に対してどうすればいいか。

ルソーは「社会契約がそれに解決を与える」と明言する。この前向きな姿勢と明晰な知性、そして強い意志と表現力。稀代の文章家ルソーの文章には魂が込められている。まずは第一編を読み、自由と平等が保障される民主主義国家へ向かう清新な気迫を感じ取ってほしい。

共産党宣言

マルクス、エンゲルス

歴史に残る古典の中でも、これは世界の歴史に大きな影響を与えた点で特別な本だ。

マルクスの『資本論』はたしかに大古典だが、難しい上に量が多すぎて読み通すのが大変だ。対照的にこの本は一日で読めてマルクス主義の基本的な考え方がわかる。

この本が出版されたのは、一八四八年。ヨーロッパのプロレタリア運動の高まりに呼応して書かれ、その後の運動の指針となった。一九一七年のロシア革命も、この本の説く共産主義の方向性においてなされた。

「ヨーロッパに幽霊が出る——共産主義という幽霊である」という有名な文から始まるこの本は、共産主義が確固たる力であり、その力が歴史の必然として世界史を変えてゆくのだという宣言《マニフェスト》だ。最近マニフェストという言葉がよく使われるが、マニフェストといえばこの本を指していた。それほど世界中で認知された基本文献だ。

宣言だけに文章は明快だ。

第一章「ブルジョアとプロレタリア」は、「今日までのあらゆる社会の歴史は、階級闘争の歴史である」という一文で始まる。科学の法則のように言い切っているのが特徴だ。「あらゆる」というのはいいすぎではないか、という思いも湧くが、続きを読むと世界史の教科書みたいな記述になっている。

「封建社会の没落から生れた近代ブルジョア社会は、階級対立を廃止しなかった」。分業を伴う工場手工業（マニファクチュア）によって生産性が増した。世界に拡大する市場に対応できる近代的大工業が現れ、ブルジョア階級は発展し、資本を増加させた。「世界市場の搾取」が行なわれるようになり、植民地化が進んだ。

資本を持っている者は強者だ。機械を所有し、工場を経営する者（ブルジョアジー）は、そうした資本を持たない者（プロレタリアート）の労働を利用する。労働の対価がきちんと支払われればいいが、実際には労働者は搾取され貧しいままで、資本は自己増殖する。

「この労働者は、自分の身を切り売りしなければならないのであるから、他のすべての売りものと同じく一つの商品」となり、不安定さを抱えこむ。ではこのままなのか。そうではない。祖国を持たない全世界のプロレタリアートがブルジョア階級との闘争のうちに一つの階級となり、「革命によって支配階級」となる。この歴史の必然を促進する合言葉がこの本のラストで発せられる。

「万国のプロレタリア団結せよ！」

この宣言に対して、スターリンの大粛清（大虐殺）や社会主義国の独裁や密告社会、ソ連の崩壊などを知る私たちは、複雑な思いを抱く。日本でも格差やワーキングプアが問題となっている。法則というより、社会を見るのに必要な視点をこの本から学びたい。

種の起原

ダーウィン

人間およびさまざまな生物の種は、神が別々に創ったものではなく、膨大な時間の自然選択《ナチュラル・セレクション》によって多様に分岐してきたものだ。現在は常識といえるこの見解だが、一八五九年の『種の起原』初版時には衝撃的なものだった。とりわけ神が自分の似姿の人間を創ったという聖書の記述を事実として信じる人々にとって、この説は聖書の否定、神の否定にもつながるもので、容認しがたいものだった。現在でも認めていない人もいる。

ダーウィンは勇気と学問的誠実さを堅持し、慎重に事を進めた。『種の起原』の記述の仕方も慎重だ。環境に適さないものは絶滅し、変異し環境に適応したものが勢力を広げる。生存のための闘争がくり返され、自然による選択が行なわれ、適者が生存する。こうした考えの根底にあるのは、「膨大な時間の力」の体験だ。『種の起原』冒頭の一文がこの体験を物語る。

「私は軍艦ビーグル号に博物学者として乗船し航海しているあいだに、南アメリカの生物の分布やまたこの大陸の現在の生物と過去の生物との地質学的関係にみられる諸事実によって、つよく心をうたれた」。

地層に含まれた化石、という動かし難い証拠を目のあたりにして、「おのおのの種は個々に創造されたものだという見解」に疑いを持ち、丁寧に観察と考察を重ねていく。

ガラパゴス諸島の記述のある『ビーグル号航海記』には、「自然」と「時」の力に驚くダーウィンの心が読み取れる。スケッチも見事だ。航海の行動力と帰国後の緻密な考察力の組み合わせは、事をなそうとする者のモデルになる。

学説はまさに進化する。生命体は宇宙から来たという説も有力視されている。それだけに『種の起原』をすべて正しいと思い込むことなく（そうした態度はダーウィンがもっとも嫌う）、「自分にできるかぎりの慎重な研究および冷静な判断」を重ねるダーウィンの姿勢に感銘を受けてほしい。

ざっと、「序言」、第四章「自然選択」、第一四章「要約と結論」を読むだけでもグッとくるはずだ。「人間は、自分の利益のためにのみ選択する。〈自然〉は、自分がせわする生物の利益のためにのみ選択する」、「自然選択は、日ごとにまた時間ごとに、世界中で、どんな軽微なものであろうとあらゆる変異を、くわしくしらべる」。

樹木と同じく「〈生命の大樹〉も世代をかさね、枯れ落ちた枝で地殻をみたし、分岐をつづけるうつくしい枝々で地表をおおっている」。「自然は飛躍しない」。「この惑星が確固たる重力法則に従って回転するあいだに、かくも単純な発端からきわめて美しくきわめて驚嘆すべき無限の形態が生じ、いまも生じつつあるというこの見かたのなかには、壮大なものがある」。

ダーウィンの言葉は視野を広げ、気を大きくしてくれる。

学問のすゝめ

福沢諭吉

近代日本の国民に「向学心」という希望を与えた名著だ。明治四年（一八七二）に初編が書かれた。冒頭の「天は人の上に人を造らず人の下に人を造らずと言えり」は、今の子どもでも知っている名フレーズだが、真意はその続きにある。万人にもともとの差別はないはずが、現実の人間には、「雲と泥」ほどの違いがある。なぜか。「賢人と愚人との別は、学ぶと学ばざるとに由《よ》って出来《いでく》るものなり」。これが福沢の伝えたいメッセージだ。

「人は生れながらにして貴賤貧富の別なし。ただ学問を勤めて物事をよく知る者は貴人となり富人となり、無学なる者は貧人となり下人となるなり」。ここまではっきりいわれると、「子どもの学力と家の収入には相関があり、そもそも平等ではない」という反論も今なら出そうだが、その数年前まで固定的な身分制があったことを思えば、この言葉は新しい自由の時代を告げる鐘であった。

福沢のすすめる学問は、世の役に立つ西洋の実学だ。古事記は諳誦しているが今日の米の相場を知らない、というのではだめだ。時勢の学問に疎《うと》い者は、「文学の問屋」、「飯を喰う字引」だ、という。こうしたユーモアのある表現は福沢らしい。

実はこの本、学問をすすめると同時に、「独立」を訴えている。「今より学問に志し、気力を慥《たしか》にして先ず一身の独立を謀《はか》り」、一国の富強をなすならば西洋人の力を恐れることはない。相手に道理があれば交わり、なければ打ち払う。「一身独立して一国独立するとはこの事なり」という。

外国の力から国を守り独立を保つために、「自由独立の気風を全国に充満せしめ」る必要がある。西洋の進んだ学問を皆が学び、独立の気概を持つことで、外部から侵されない力が生まれる、という考え方だ。経済をはじめ、現代日本でも自由独立の気概を持つ人間が求められている。福沢の時代認識は、過去のものばかりとはいえない。

福沢は、政府と国民の関係を教える。「お上」意識は捨て、対等だと思え。税金を払い、政府に安全を確保してもらうと思えば税金は安いものだ。暴政には言論で抗議せよ。男尊女卑の悪習は排せ。このように新しい社会のあり方を説いた。

他人をねたみ、引きずりおろそうとする欲望は最悪だ。新しい友を求め交際を広げよ、「人にして人を毛嫌ひするなかれ」と生き方全般の指導もしている。

本書を読み、「一人にてこの日本国を維持するの気力」を養うもよし、ビジネスのヒントを得るもよし。現代においてなお大きな意義を持つ古典だ。

日本人の向学心・向上心を刺激した古典として、スマイルズ『自助論』も必読。明治初頭に『西国立志編』として出版され、新しい日本を作るエネルギーに寄与した。才能よりも努力。このブレないメッセージが心地良い。ショウペンハウエル『読書について』も。自分の頭で思索せよ、世界という書物を直接読破せよ、という強い主張に触れると目が覚める。

世界は単一ではない。多様だ。人間には人間の世界があり、ダニにはダニの世界がある。

つまり、世界の「切り取り方」が生物によって異なるということだ。この世界の何を自分にとって重要なものと知覚し、働きかけるのか。それが生物ごとに違う。

生物から見た世界
ユクスキュル、クリサート

ダニの話は象徴的だ。ダニは動物の血を吸って生きる。しかし、ダニは目も見えず耳も聞こえない。どうやって取り付いて血を吸うのか。哺乳類の皮膚腺から漂い出る酪酸《らくさん》の匂いを嗅覚で捉える。この匂いが、身を投げろという信号となる。次に温度感覚によって温かいもの(動物)を察知し、その上に落ちる。そして触覚によって毛のない場所をさがして血を吸い込む。

このシンプルな世界にダニは生きている。ダニは木の枝の上で、下を哺乳類が通りかかるのを待つ。すぐに来るとは限らない。どれくらいダニは絶食状態で待てるのか。なんと十八年。人間とダニとでは「時間」感覚がまったく異なる。私たちは時間や空間を客観的に固定したものだと思いがちだが、実は主体がその「環世界」の時間も空間も支配しているのだ。

この「環世界(Umwelt)」がキーワードだ。環境には周囲に存在している客観的なものの意味合いがあるが、環世界は「主体が意味を与えて構築した世界」である。

ダニの「環世界」はシンプルだ。酪酸の匂い、温かさ、触感だけで世界は構成される。「ダニをとりまく巨大な世界から、三つの刺激が闇の中の灯火信号のように輝きあらわれ、道しるべとしてダニを確実に目標に導く役目をする」。ダニの「環世界のこの貧弱さはまさに行動の確実さの前提であり、確実さは豊かさより重要」なのだ。

私たちがよく知っているこの世界はあくまで「人間の環世界」にすぎないと知ると、人間中心の考え方が変わる。「生物多様性」という用語が、より大切なものに感じられてくる。それぞれの生物がそれぞれの環世界を構築し懸命に生きているのだ。

一本のカシワの木は、アリ、キツネ、フクロウ、木こり、それぞれによって意味がちがう。還境問題も「還世界」という概念を知ることで捉え方が深まる。

この本を読むと、「人間は「もの自体」を認識することはできない」というカントの考えや「各言語によって世界の切り取り方はちがう」というソシュールの考えが改めて思い起こされる。メルロ＝ポンティの『知覚の現象学』も理解しやすくなる。知的刺激の広がる名著だ。

メルロ＝ポンティは、私たちはこの世界に身体として住み込んでいる、という。身体に刻み込まれた習慣によって、まわりの世界は異なってくる。皆が同じ世界に生きているわけではない。意識のレベルよりもっと深い身体の次元で世界に住み込んでいると思うと、世界の見方が変わる。知覚心理学者ギブソンの「アフォーダンス」理論も参照。

精神分析入門

フロイト

フロイトを勉強したことのない人でも、フロイトをなんとなく嫌いな人でも、私たちはみなフロイトの思想の影響を受けている。無意識の広大な世界があり、それが私たちを動かしていることや、「抑圧」された欲望が夢に出てきたり、心の病に関係していることを常識としたりしている。二十世紀の芸術・思想・文学への影響も莫大である。影響力ではマルクス、ニーチェに比せられる。それまでの幻想を破壊した点では、フロイト自身、コペルニクスやダーウィンに自らを比している。そんなフロイトの天才的思想が比較的わかりやすく書かれたのが『精神分析入門』だ。とりあえず本棚においておくだけでも、知性の照明器具として機能する。

「続」を含めると全三十五講と長いので、とりあえず第三十一講「心的人格の分解」だけ読んでみるのも一つの手だ。

心の世界は目に見えない。フロイトはそれを「超自我・自我・エス」の三領域として捉えた。エス(ES)は無意識のことで、ドイツ語で「それ(英語でいえばit)」という意味だ。非人称の代名詞なので、自我とは別ものであるとわかりやすいとフロイトはいう(ドイツ語の語感がなければエスだとかえってわかりづらいが)。エス(無意識)は「放出を待ち望んでいる欲望」であり、「渾沌《こんとん》、沸き立つ興奮に充ちた釜」のようなエネルギー(リビドー)の源だ。性的パワーでもある。この無意識《エス》のリビドーパワーは自我《イッヒ》(私)を突き動かすが、「エスは価値判断ということを知らず、善を知らず悪を知らず、道徳を知らない」。気持ちいいこと優先の快感原則と結びついた、暴れ馬みたいなもので、騎手が必要だ。

一方、社会のルールや倫理を、「こうすべき」と押しつけてくる超自我(上なる私)が、心の中にはある。自我(私)は、無意識と超自我のバランスが保たれないとおかしくなってしまう。「外界に対しては現実不安を、超自我に対しては良心の不安を、エスにおける強烈な情欲に対しては神経症的不安を発生させる」ことになる。あちらこちらバランスを取らなければ不安になってしまう自我(私)は大変だ。私たちがよく「生きることは容易ではない」と嘆くのも無理はない、とフロイト先生はいう。とはいえ、不安のメカニズムを知るだけでも楽になる。「知る」ことが治療になるというのが、フロイトの考え方だ。

ちょっとした言いまちがい(錯誤)と夢とヒステリー。この三つを関係づけて考え、「そうか! これが心というものか」と洞察してしまうフロイトの天才的思考は、科学を超えて飛躍する。批判に耐え、性の重大性を指摘し、エディプスコンプレクス、エロスとタナトス(死の本能)といった革新的概念で人間を捉えたフロイト。「幻想を捨て、知性で自分をなんとか制御して生きてゆこう」という声が聴こえる。ユングとの往復書簡は、二人の天才の歴史的関わりの資料。『ユング自伝』はじめユングの諸著作も心の世界を拡げてくれる。

古代の世界は骨太！

本の存在感が「どれだけ引用されたか」で測られるとするなら、聖書の存在感は圧倒的だ。西洋の書物は聖書を踏まえているものが多い。生活や言語に聖書は溶け込んでいる。聖書を宗教の教典だと敬遠するのは惜しい。古典の一書として読むと、得るものは大きい。

旧約聖書・新約聖書（福音書）

旧約聖書は、世界を創造した全能の神ヤハウェとイスラエルの民との間の契約と交流の物語だ。神の戒律を守り、神に忠実であれば、恩恵・祝福が与えられる。出エジプトやバビロン捕囚からの解放など、イスラエルの民の歴史に神が関わる物語で、ユダヤ教の聖典だ。「創世記」では天地創造、エデンの園、ノアの箱舟などなじみのある話が語られる。

注目したいのは「原罪」という考え方だ。蛇にそそのかされたエヴァとアダムは、神から禁じられた智慧の実を食べ、楽園から追放された。神の戒めを破り、神のように善悪を知ったことが、人間が背負う原罪となった。日本の八《や》百万《およろず》の神々とは違う厳しさだ。人間が神のようになりたがることを、聖書の神は許さない。「神を畏《おそ》れよ」が徹底している。

人間が天に達する塔を造ろうとすると、神は人々の言葉をバラバラにし混乱させる。これが「バベル（乱れ）の塔」の話だ。一ページほどだが、さまざまな解釈が可能な深い話だ。ソドムの滅亡も有名だ。人は神を試してはならないが、神は人間の信仰を試す。神はアブラハムに息子イサクを捧げよと命じた。子を祭壇の薪の上においたアブラハムに神は子孫の繁栄を約束する。試練という点では「ヨブ記」もすごい。有名なモーセの海を二つに分ける話や十戒は「出エジプト記」にある。強力な指導者によって民は導かれる。

新約聖書は、イエスの言行の記録だ。キリスト教の聖典だがユダヤ教の聖典ではない。イエスによってイスラエルの民の限定を離れ、人類全体との契約となった。イエスの言葉は名言に満ちている。「貧しき者は幸いなり」、「右の頬を打たれたら左の頬を差し出せ」など、読んでいて「これが有名なあれか」と次々に興奮する。

マルコ、マタイ、ルカ伝は共通する話が多い。「ヨハネ福音書」には、『罪と罰』に出てくるラザロの復活などがあり、独自の文学的興奮がある。「マタイ福音書」(百ページほど)を読めばイエスの言行をおよそ知ることができる。バッハの『マタイ受難曲』を聞きながら読むと、一層心が揺すぶられる。

「パンがなくとも人は生きられる」、「敵を愛せよ」、「さがせ、きっと見つかる」、「口から出るもの、これが人をけがす」、「皇帝《カイザル》のものは皇帝に、神のものは神に返せ」等々の名言に出会い、最後の晩餐《ばんさん》、ユダの裏切り、十字架へと緊張が高まる。

言葉の深さと劇的緊張の二点においても不世出の古典だ。

古事記

『古事記』は気に入ったところを声に出して読むと面白い。古代の日本語を体感でき、古代の人々の世界と心のありように近づくことができる。

成立は八世紀初め頃。日本最古の歴史書で文学でもある『古事記』と『日本書紀』はどちらも天武天皇の命《めい》によって編纂されたものだが、性格は異なる。『日本書紀』は中国正史の「本紀《ほんぎ》」をモデルとした、正式な様式の歴史書で、天皇家を中心とした日本の体制をきちんとした「国家」として、自国のみならず他国にも示そうとするものだった。『古事記』も天皇家の支配の正統性を示す目的は同じだが、ゆるいスタイルになっている。日本語の語感を生かした漢文表記で、神話や歌謡が盛り込まれたごちゃごちゃ感が魅力でもある。

『日本書紀』にはない出雲系譜の神話が多く採り入れられているのも面白い。大国主神《おほくにぬしのみこと》を中心とする出雲系の神々は天照大神《あまてらすおほみかみ》をはじめとする天孫系とは対立関係にあるが、大国主神の出番は多い。有名な「稲羽の素兎《しろうさぎ》」の話も大国主神だ。兎が淤岐《おき》の島から因幡《いなば》の国に渡るのに「海の鮫《わに》」をだますわけだが、「日本にワニがいるかな?」と思ってしまう。南方の話の伝承かと思ったが、出雲地方では鮫《さめ》のことをワニというらしい。活躍する大国主神が国譲りをさせられる場面は切ない。壮大な宮殿を造ってもらうことを条件に国を天孫系の神々に譲る。これが出雲大社だが、最近の研究では四十八メートルの高さという説もあるから、壮大ではある。しかし、神々の対立は人間集団の対立の反映の面もある。実際には血みどろの戦いもあったのではと想像してしまうと、出雲大社も切なく思えてくる。「祟り神」にもされてしまう大国主神の立場から読むのもいいのではないか。

　有名な場面を音読すると、なじみやすい。天の石屋戸《いわやと》にこもった天照大御神に出てきてもらうために、天宇受売《あめのうず》命《め》が「神懸《かむがか》りして、胸乳《むなち》をかき出《い》で」て半裸で踊ると「ここに高天の原動《とよ》みて、八百万の神共《とも》に咲《わら》ひき」となる。すると天照大御神は私が隠れてまっくらなのに、「何由《なにのゆゑ》にか、天宇受売は楽《あそび》をし、また八《や》百万《ほよろづ》の神も諸《もろもろ》咲《わら》へる」と気になってしまう。このあたりのやりとりは原文で読むといっそうほほえましい。古い日本語だが、雰囲気が細やかに伝わってくる。

　八百万の神々が大笑いする神話の空間は、一神教の宗教とはちがって、ゆるい。ユダヤ教とキリスト教とイスラム教が同じ神を崇拝しているにもかかわらず、現在複雑な対立関係にある状況を目の前にすると、八百万の神々の国の日本が中和剤になれないものかと思う。

　稗田阿《ひえだのあ》礼《れ》が誦み習った「帝紀」と「旧辞」の言葉を太安万侶《おおのやすまろ》が再び文字化したところがポイントだ。阿礼の身体に一度入って肉体化した言葉（かたり言葉）が「うたう」リズムで生命を与えられた。その「生きた日本語」に文字が当てられたからこそ、本居宣長《もとおりのりなが》も惹きつけられたのだろう。宣長らの読み方研究に感謝しつつ、朗読したい。

オイディプス王

ソポクレス

比類なき切迫感。人類の生み出した演劇・文学の中でも最高の傑作ではないだろうか。フロイトがエディプス（オイディプスのこと）コンプレクスという無意識の葛藤をこの物語になぞらえて提示したことで、古典性がいっそう増した。

太古のギリシア、テバイの国で疾病がひろがる。王のオイディプスは、「この災厄から解放される唯一の道は先王ライオスの殺害者をつきとめ追放すること」というアポロンの神託にしたがい、予言者テイレシアスに占いによって犯人をつきとめてくれと頼む。予言者は「この地を汚す不浄の罪びと、それはあなた」だと告げる。「先王の殺害者は、あなた自身だ」という予言者は、「あなたの父と母と、両親《ふたおや》の二重の呪いが、おそるべき足どりであなたを追いかけ、いつかこの土地からあなたを追い出さずにはおかぬであろう」といい切る。

これを聞いて怒ったオイディプスは自分で犯人をつきとめようとする。この積極性が仇となり、真実が明らかになってきてしまう。「三筋の道の合わさるところ」でかつて殺してしまった相手が実はライオス王であり、しかも父であったこと、自分の妻のイオカステが実の母であったことを悟ったオイディプスは、両眼を突き刺し盲目となる。コロス（合唱隊）が「この世のきわに至るまでは、何びとをも幸福とは呼ぶなかれ」と歌い、悲劇は幕を閉じる。

父殺し、母との婚姻。知らないままに、人類の普遍的タブーを二重に犯し、後に知るほどの悲劇はない。しかもオイディプスはスフィンクスの謎を解いてテバイを救った英雄だけに、その転落の加速度は極限的だ。しかも自らがこの秘密を暴くところがまた切ない。

そもそも悲劇の発端はライオス王が自分の子の手によって自分が殺されるというアポロンの神託を信じ、子を殺そうとしたところにある。すべては神託にあやつられている。神託から逃れようとすればするほど運命の呪縛にはまっていく。動けば動くほど自らの首を絞めることになる。この逃れ難さが、「運命《さだめ》」の圧倒的かつ不条理な力を人間たちに思い知らせる。

この劇を観た古代ギリシアの人々は、運命の力を改めて思い知ったことだろう。身を慎む教訓を得るだけではなく、「おそれとあわれみ」によるカタルシスを感じた。アリストテレスは『詩学』でカタルシス(吐き出しによる浄化)を悲劇の効果としたが、人間と運命の根源的関係を思い知らせるこの作品は、魂が浄化される強い感覚を観客にひき起こしただろう。

他人の転落の加速度に興奮し、運命の悲劇を見たいのならば、どうでもいいスキャンダルや噂話よりも、この悲劇の傑作をおすすめしたい。

不条理な運命に立ち向かう強さという点では、カミュ『シーシュポスの神話』も併読されたい。

ギリシア・ローマ神話

ギリシア・ローマの神々は多彩だ。意外性あふれる行動で魅了する。象徴力が高いので、現代社会に生きる私たちに思考のヒントを与えてくれる。たとえば、酒の神ディオニュソスに「触れるものすべてを黄金に変える力」を願い、手に入れたミダス王の話は、「欲望」について考えさせてくれる。リンゴも水も黄金になり困るミダスから、欲望の絞り込みの大切さを学ぶ。「今、自分の欲望はミダス王になってはいないか」とセルフ・チェックできる。

ミダス王はその後、アポロンの怒りを買い、ロバの耳にされてしまう。ミダスはこれを隠すが、秘密を知った髪結人が穴の中に秘密をもらす。その上に育った蘆《あし》の群れが秘密をささやき、風がそれを運ぶ。この蘆はツイッターのようだ。インターネット社会では秘密を保つのが難しいことを象徴しているような話だ。

人間に火をもたらしたプロメテウスも象徴的だ。勝手に火を与えたためにゼウスの怒りを買い、肝臓を巨大な鷲についばまれ続けるという刑(しかも刑期は三万年)を受ける。プロメテウスという名の意味は、「先見の明」。開拓者は苦難の道をゆくものだ。あるいは、原発事故に直面する今、原子力といういわば「神の火に手を出した人間の運命を象徴する」話としても読める。

「パンドラの箱を開ける」という慣用句もある。パンドラは開けてはいない瓶《かめ》を開けて、病気や復讐など災厄を飛び出させてしまう。しかし瓶の底に「希望」が残った。「私たちが希望を失わないあいだは、いかなる不幸も私たちを零落《れいらく》させ尽すことができない」と勇気づけられる話でもある。

自己愛の強い人を「ナルシスト」というが、美青年ナルキッソスが水面に映る自分の顔に恋をして、ついに衰弱してしまう話がもとになっている。自己愛過剰な人は幸福になりにくいことを教えてくれる話だ。

彫刻師ピュグマリオンは現実の女を嫌い、美しいおとめの像を彫る。その像に恋するようになり、アプロディテに願うと像が生きた女に変わった。教育心理学では、教師の期待によって成績が上がるのを「ピグマリオン効果」という。アニメの美少女フィギュアがあふれる秋葉原では、「ピュグマリオン祭」を催してもいいのではないか。

父アポロンにあこがれ、息子である証拠がほしいと、父しか御せない「太陽の二輪車」を運転したパエトンも切なく忘れがたい。運転に失敗し、「神なるお父さんのすべきことを、人間の自分がまねしなければよかった」と後悔しつつ、ゼウスの雷電に打たれて死んでゆく。パエトンの姉妹ヘリアデスがこの運命を悲しむあまりポプラの樹になり、その流れ出る涙は琥珀となったという話は美しい。

「人間よ、神々の力を畏れよ」という一貫したメッセージは、この地上で傲慢にふるまう人間たちが、今こそ聴くべきものだ。

史記

司馬遷

高校生の時、漢文の授業で『史記』に出会い、夢中になって文庫本で読みまくった。とくに「列伝」は、音読すると、青雲の志が湧き立つ高揚感を感じた。「列伝」は、老子・韓非・孫子・仲尼（孔子）・孟子・孟嘗君をはじめ、中国オールスター人物伝となっている。

人物の年表的記録ではなく、印象的なエピソードを軸に、司馬遷自身の意見がふんだんに盛り込まれている。歴史書というより、文学作品だ。歴史的人物を司馬遷の眼を通して見ることになる。司馬遷という存在を意識することなく読み進めることはできない。

たとえば『史記』冒頭の「伯夷列伝」。義をまもって餓死を選ぶ話だが、司馬遷は「天道といわれるものがただしいのか、ただしくないのか」と根本的な問いを提示する。「正しきことにのみ憤りを発する、それでわざわいに出会った者の数は、とてもかぞえきれない。わたしははなはだ当惑する」という文には、司馬遷自身を襲った過酷なる運命への、到底承服しがたい思いが読み取れる。孔子は伯夷《はくい》・叔斉《しゅくせい》は何も怨《うら》まず死んだとおっしゃるが、死に際しての歌からすれば怨みがあったのではないか、と孔子へも疑義を呈している。

司馬遷の「思いの強さ」が『史記』を強烈な古典にしている。大人物を今そこにいるように生き生きと描写しながら、筆者自身が時折顔を出し意見をいう。この司馬遷スタイルは、司馬遼太郎に引き継がれている。「司馬遷に遼《はる》か及ばず」という意味でペンネームを付けていることからも、『史記』の愛読ぶりがわかる。

『史記』への助走としては、中島敦の名作『李陵』がいい。将軍李陵をかばったというだけで宮刑に処せられた経緯と、司馬遷の心情がよくわかる。「この世に生きることをやめた彼は書中の人物としてのみ活きていた。現実の生活ではふたたび開かれることのなくなった彼の口が、魯仲連の舌端を借りてはじめて烈々と火を噴くのである」。孤高の作品群を生み出した中島敦には、歴史上の人物にあふれる思いを託して文字を刻みつける司馬遷の、憤りと使命感が身にしみて感じられたのだろう。

宮刑のわざわいについては、司馬遷自身の言葉も残っている。「任安に奉ずる書」には克明に思いがつづられている。「宮刑ほどの恥辱はない。それでも生きたのは、この仕事を完成させて、名山に納め、世の人に伝えるためである。そのとき私の受けた辱しめも償われるでしょう。そうなれば、八つ裂きにされても悔いはない」。

こんな貴重かつ強烈な書簡がよくぞ残っていたものだ。このほか武田泰淳『司馬遷――史記の世界』、貝塚茂樹『史記――中国古代の人びと』などは、史記の世界を深くしてくれた。

万葉集

私たちはなぜカラオケで歌うのがこんなに好きなのか。その答えの一つが万葉集にある。

今から千三百年ほど前の古代日本人も歌が大好きだった。メロディの付いた現在の歌とは違うが、一定の語数によって韻律が生まれる型を持っていた。全国からの歌が四千五百余首。そのうち二千百首余りが作者未詳であることが、かえって歌好き民族ぶりを物語る。雄略天皇から始まり、額田王《ぬかたのおおきみ》・大海人皇子といった大物、柿本人麻呂・大伴家持《やかもち》らのプロの大歌人の歌と名もなき庶民の歌が並んで集められている。まさに万《よろづ》の詩歌（葉）が集められた世界的古典だ。

歌は、あふれる思いをリズム（韻律）のある言葉にこめて人に伝え、人々と共有し、自分自身の心に刻みこむものだ。だから、人を愛する歌（相聞歌）と死を悼《いた》む歌（挽歌）が万葉の軸となっている。

「こころ」は、万葉集では「意」「情」とも表記される。文字がなく、やまとことばだけで生きていた人々のこころが漢字と出会い、こころを形ある文字として刻むことができるようになる。漢字との出会いで新たに開かれたこころもある。万葉仮名からは、この興奮と感動が感じられる。

たとえば、大伴家持の「宇良宇良尓《うらうらに》　照流春日尓《てれるはるひに》　比婆理安我里《ひばりあがり》　情悲毛《こころかなしも》　比登里志於母倍婆《ひとりしおもへば》」。

春のうららかな日に雲雀《ひばり》が空を舞う時、こころは悲しみにひたる。こころは身の内にあるだけでは伝わらない。言葉にし、文字にすることで伝わる。自分も納得できる。悲しみも昇華する。私たちもこの「情悲《こころかなし》」思いを共有できる。私たちの感情のあり方自体が、万葉集に代表される「心の表現」の堆積によってできている。

万葉の歌はそのまま共感できるものもある。「白珠《しらたま》は人に知らえず知らずともよし　知らずとも吾し知れらば知らずともよし」という元興寺の僧の気持ちは、人から評価されない経験のある人なら共感できる。「自分が知っているからいい」という思いは自然だ。しかし研究者の指摘で深みを増す歌も多い。「父母が頭《かしら》かき撫《な》で幸《さ》く在《あ》れて　いひし言葉《けとば》ぜ忘れかねつる」（丈部稲麻呂《はせつかべのいなまろ》という防人《さきもり》の歌）。古橋信孝『21世紀によむ日本の古典2　万葉集』の「かわいいからなでるのではありません。魂を活性化し、旅をぶじに乗りきるための、一種の呪術です」という解釈を学ぶと、古代人の世界が異世界として眼前に立ち現れる。

賀茂真淵《かものまぶち》の万葉集研究をはじめとし、斎藤茂吉『万葉秀歌』、佐佐木信綱、中西進ら多くの研究者のおかげで古代の心が味わえる。「東野炎立所見而反見為者月西渡」を「東《ひむかし》の野にかぎろひの立つ見えて　かへり見すれば月傾《かたぶ》きぬ」と読めるのも真淵のおかげだ。日本語の奥深い楽しみが万葉集にはつまっている。好きな歌を一つ、二つと増やす読み方がいい。山上憶良《おくら》の「瓜はめば」「憶良らは今は罷《まか》らむ」「飛び立ちかねつ鳥にしあらねば」などは覚えやすい。

論語

孔子

学び続ける人生は充実している。このことを孔子は身をもって伝え続けた。『論語』を読むと、「なぜもっと情熱をもって学ぼうとしないのか。学ぶことほど楽しいことはないのに」という声が聴こえてくる。

「学は及ばざるが如くするも、猶《な》おこれを失わんことを恐る」。どんなに学んでもその先がある。学んだことが失われることもある。この緊張感は、向上心を持つ者に特有の人格的魅力となる。低レベルに安住し、怠る者には、こうした緊張感が生み出す輝きがない。

学は義務ではなく権利だ。学校に通って勉強が嫌いになるのでは意味がない。「これを知る者はこれを好む者に如《し》かず。これを好む者はこれを楽しむ者に如《し》かず」。学を好み、楽しむことは精神のワザだ。学を楽しむ精神を若いうちに鍛えることで生涯の推進力を得る。

「学べば則ち固《こ》ならず」。学ぶほどに柔軟になる。「六十にして耳順《みみしたが》う」。老いるほどに人の話を素直に聞ける。そんな柔らかな精神で人生を歩みたい。

「朝《あした》に道を聞きては、夕べに死すとも可《か》なり」と言い切るほどに、切なる思いで道を求める。道を求める心自体がすでに道だ。難しく考えすぎるのはよくない。人の役に立ったり、人を喜ばす仕事を、天職のように楽しんでやり、向上をめざし続ける。そんな人生は孔子のような聖人でなくても充分可能だ。

一人で本を読むだけでは足りない。仲間と切磋琢磨し、現実の場面で道を外さず的確に判断し、行動できる力をつける。「遠き慮《おもんぱか》り無ければ、必ず近き憂い」がある。言と行を一致させ「信」を得る。人に対してはミスをあげつらわず、「小過を赦《ゆる》し、賢才を挙げよ」。落ちついていていばらず（泰《ゆたか》にして驕《おご》らず）、困窮しても乱れない。「人の善を道《い》うことを楽しみ、賢友多きを楽しむは、益なり」。この世がままならないからといっても、鳥や獣と一緒に暮らすことはできない。自分を買ってくれる良い買い手がいるのなら、売ろうじゃないか。「一《いっ》以てこれを貫く」といえる。何かを自分の内側に感じられる生き方ができれば、それでいいじゃないか。

孔子はこう教え続けてくれる。この私心なき教育欲、あふれる思いに応えるのに、私たちには何が必要か。ただ一つ、「発憤」だ。「憤《ふん》せずんば啓《けい》せず」。発憤していなければ始まらない。「如之何《いかん》、如之何《いかん》と曰《い》わざる者」は孔子でもどうしようもない。

自分に足りないものを感じ、素直に優れた人の「言」を聞き、それを「行」として身につけたい。こう発憤する気持ちを起こさせてくれる本だ。中島敦『弟子』、下村湖人『論語物語』を併読すると、より孔子と弟子たちが身近になる。

饗宴

プラトン

古代ギリシアは人類史の奇跡だ。真善美を愛してやまない者たちが語り合い、「知を愛する行為＝フィロソフィア＝哲学」という華を咲かせた。『饗宴』こそ、この華の最高の開花だ。

個々人が「市民」として民主制を運営し、奴隷制・女性差別などの弱点はあるが、自由に対話し文化を形成したアテネの雰囲気は、独自の魅力を持っている。

『饗宴』は、演劇のような哲学対話だ。紀元前の四一六年にアガトン宅で催された酒宴で、恋の神エロスを讃える演説が次々に展開される。一番手のファイドロスが、肉体の愛よりも魂の愛が、結果よりプロセスが重要だと主張する。凡俗な者は「魂より以上に肉体を愛し、最後には、でき得るかぎり愚昧なる者を愛する、それはただ目的の達成をのみ眼中に置いて、その仕方が立派かどうかを意に介しないからである」。

ただ愛するのでは充分ではない。少年たちの魂をより「善」へと導くような愛こそが、価値を持つ。「善」は最重要の徳であり、それに至るには思慮深い年長者の男性の親身な導きが必要とされる。エロスが魂の教育と結びついている点が、古代ギリシアらしい。

有名な喜劇作家アリストファネスの演説は面白い。原始時代の人間には、「男女の両性を結合した」種類がいた。ゼウスがそれを真二つに切った。もともとが一つであったのだから、「いずれの半身も他の半身にあこがれて、ふたたびこれと一緒になろうとした」。人は誰でも自分の片割れを求める。二つが一つになりたい。男女を合わせ持った「全きものに対する憧憬と追求」こそエロスだ。これは妙に説得力のある説だ。

こうした演説の後、真打ちソクラテスが語る。直前に演説したアガトンに得意の対話で質問と確認をくり返し、「僕のさきほどいったことは、どうも自分でもまるで分らなかったのかも知れません」といわしめる。アガトンが「貴方に反対することができません」と言うと、「真理」に反対することができないのだよ、「ソクラテスに反対するのは何もむずかしいことではないのだから」と答える。いかにもソクラテスらしい。

自分の主張も、ディオティマという婦人との対話として展開する。どこまでも対話《ディアレクテク》(弁証法)好きだ。美しい「肉体」から、美しい「職業活動」、「学問」へ、そして美そのものを探求する学問へと人は進むべきとされ、エロス讃美は哲学讃美となる。

論だけじゃなく、人物描写がすばらしい。宴に行く途中独り黙想に耽《ふけ》るソクラテス、演説前にくしゃみで困るアリストファネス、宴の後、皆が寝込むのを見届けて沐浴へ向かうソクラテス。劇曲(文学)と哲学の融合した傑作だ。

書き手の感性や人となりを味わう

福翁自伝

福沢諭吉

これほど面白くて元気の出る本はめったにない。日本人の自伝の最高傑作だと私は思う。

全編を、湿度の低いカラリとした心地よい風が吹きわたっている。福沢のさわやかさが心に吹きこんできて、「よし！　臆する必要はない。やってやろう！」という「挑む」気持ちが自然に湧いてくる。

福沢は不公平と卑屈さが大嫌いだ。人が本来持っている力を発揮させない圧力を取り除き、恐れることなく皆が挑戦することのできる新しい社会へと、日本人を言論と教育によって導いた。

封建制度の身分制に束縛されて力を発揮できなかった父の生涯を嘆き、「私のために門閥制度は親の敵《かたき》で御座る」と憤る。福沢はこの思いを私憤ではなく、公憤としていく。身分によって妨げられず、思ったことを堂々と発言し行動できる社会をつくり、一人ひとりが独立した人格となる。

何ものも恐れない生来の気質が、時代変革の勢いを生涯、根底から支えた。

兄に「何になる積りか」と問われ、「まず日本一の大金持になって思うさま金を使うてみようと思います」と答える。こんな武士の子弟はまずいない。兄たちが藩の不平をもらすのを聞くと、「よしなさい、馬鹿々々しい。この中津に居る限りは、そんな愚論をしても役に立つものでない。不平があれば出てしまうが宜《よ》い」と言い放つ。身もふたもないほど、はっきりしている。

子ども時代から合理的で、迷信は信じない。神様の名のある御礼をわざと踏む。稲荷様の神体を石と入れ替える。「子供ながらも精神は誠にカラリとしたものでした」。この「カラリとした精神」が日本を風通しのいい国に変えてゆく。

学問の修業も痛快だ。長崎に遊学。食客として入りこみ、家事その他一切の雑用をこなす。「有らん限りの仕事を働き、何《なん》でもしないことはない」。こうして「調法な男」として居場所を自ら作りつつ、「一意専心原書を学ぶ」。

大阪の緒方塾でも、「この上に為《し》ようはないというほどに勉強」した。昼夜の別なくオランダ語を勉強し、ふとんで寝ることさえない。実力主義で席次が決まる。難しければ面白い。出世も望まず、「自分たちより外《ほか》にこんな苦《にが》い薬を能《よ》く呑む者はなかろうという見識」で難しい本を読む。この気概がたのもしい。食事は裸で立ったまま。酒は飲む。遊女の贋手紙を書いて、手塚治虫の祖先をからかったりもしている。「目的なしの苦学」こそ学を楽しむ王道だ。

アメリカ、ヨーロッパ視察の記述もワクワクするし、「暗殺の心配」という章があること自体、時代を感じる。著書が大ベストセラーになったのを、「私の才力がエライというよりも、時節柄がエラかった」のだというのもさわやかだ。

こんな面白い人生はめったにない。こんな見事な語り手もいない。必読の自伝だ。

フランクリン自伝

フランクリン

個人史でありながら、それがそのままアメリカ合衆国の成立史にもなっている、貴重な自伝だ。ヨーロッパから北アメリカに移住した人々がどのような信条を持ち、町づくりをし、合衆国という世界をリードすることになる国をつくっていったのかがわかる。

凧を揚げて雷の正体が電気であることを実証した科学者としても有名だが、経済人、政治家としても傑出した人物だ。新しい国をつくっていく自覚ある「市民」のモデルでもある。徳を重んじ、行動力もあり、図書館の設立などさまざまなプロジェクトを実現させている。専門領域に限定されない、縦横無尽な動き方、トータルな人間性は、役割が細分化されがちな現代においては、とりわけ刺激的だ。

「一人の人間がここまで幅広い仕事をムリなくできるものなのか」という感銘を私は受けた。新しい国だからこそ求められる総合力だ。ヨーロッパ的人物とはちがう、「合衆国的人物」を体現し、モデルとなった。

この自伝は子孫に成功の秘訣を伝える書であっただけに、実践できる日常的な工夫にあふれている。「モーツァルトやニュートンにはなれない。ソクラテスやイエスのような最期も行き過ぎ感がある。しかしフランクリンのような人生のスタイルならばまねできそうだ」。こう思わせる具体性が、この自伝にはある。

たとえば、文章上達術。新聞記事の文章からメモを作成し、数日間放置した後、メモを見ながら記事を復元してみる。それを記事と照合して修正する。こうすると語彙も増え、文章力が上がる。また、頭が良くなる食事を開発し、仲間に広める。語学でも、フランス語やイタリア語を学ぶにはラテン語からという当時の考え方には従わず、最初から実用的な言語からやり、結果ラテン語もできるようになった。

目標を設定したら、もっとも合理的な方法を選ぶ。「時は金なり」を実践したコストパフォーマンスの達人だ。だからこそ、印刷業者としても成功した。

しかし強欲ではなく徳を身につける努力もした。節制・沈黙・規律・勤勉・中庸など十三徳を身につけようとする。十三徳をタテ、一週間をヨコとしたチェック表を作り、できなかった所に*を付ける。自伝にはこの表が載っているが、これが『論語』にあったら違和感があるだろう。

徳を習慣として身につけるための合理的な習得法の開発に、アメリカ的強さを感じる。金銭を毛嫌いせず、信用が金を生み、金の正しい管理が信用を生むことを示した。フランクリンならばリーマンショックは引き起こさなかっただろう。そんな倫理性を感じさせる成功哲学を語るこの自伝は、ビジネスの大古典でもある。

徒然草

兼好法師

日本の古文の中で、最も現代にそのまま「使える」古典だ。兼好の洞察力は時代を超えた本質を捉えている。日本的美意識も含まれてはいるが、世界で通用する普遍性の比重が高い。

一段一段のエピソードと洞察が示唆的である上に、情緒とユーモアにもあふれている。しかも読みやすい。訳を参照すればだれでも通読できる。短文が二百四十三段。なぜ中学校あたりで全段読むカリキュラムを組まないのか。もったいない。

徒然草の魅力は、本質をわしづかみにする眼力だ。「達人《たつじん》の、人を見る眼《まなこ》は、少しも誤《あやま》る所あるべからず」(百九十四段)と兼好はいうが、兼好自身がこの達人だ。達人は達人を知る。馬の名人が馬のちょっとした動作を見て慎重になるのを、「道を知らざらん人、かばかり恐れなんや」(百八十五段)という。物事が見えていれば慎重になる。双六の上手の「勝たんと打つべからず。負けじと打つべきなり」(百十段)という言葉に、これは道を知っている人の教えだ、一身をおさめ、国を保つ道もこれだと刺激を受けている。易しい所こそ気をつけろと言う高名の木登りや、初心者は二番めの矢を持つなという弓の名人の話は有名だ。

普通の人間はどうすればいいか。まず真似ることだ。「悪人《あくにん》の真似《まね》とて人を殺さば、悪人なり」、「偽りても賢《けん》を学ばんを、賢といふべし」(八十五段)。どんどん真似をしているうちに本物になっていく。恥ずかしがっていてはだめだ。下手でも人前でやれ。恥ずかしがる人は「一芸《いちげい》も習ひ得《う》ることなし」（百五十段）。笑われても、上手な人の中にまじってやることでうまくなる。自分が得意でないことは、争ったり、良い悪いを論じなければいい。「己《おの》れが境界《きやうがい》にあらざるものをば、争《あらそ》ふべからず、是非すべからず」（百九十三段）だ。

現代は「改革＝善」と思われているが、「改《あらた》めて益《やく》なき事は、改めぬをよしとするなり」（百二十七段）という冷静さも大切だ。世に生きるには機嫌（時期・タイミング）を知るのが大切だが、「必ず果《はた》し遂《と》げんと思はん事は、機嫌を言ふべからず」（百五十五段）だ、さっさとやるのがいい。あれこれ得ようとせず一点を突破せよ。「一事《いちじ》を必ず成《な》さんと思はば、他《た》の事の破《やぶ》るゝをも傷《いた》むべからず、人の嘲《あざけ》りをも恥づべからず」（百八十八段）の意気でやれ。

せこい事にこだわらず、ゆったりするがいい。盛親《じょうしん》僧都は、芋頭《がしら》ばかり食べる大食漢で、「万《よろづ》自由」で人に従わなかったが、徳があったので、人にきらわれず、万事がゆるされていた（六十段）。この僧都がある法師に、「しろうるり」とあだ名をつけたが、「それはどんなものか」と人に問われて「そんなものは私も知らないが、もしあればこの僧に似ているだろう」と言った。こんな魅力的な僧都を好む兼好もまた魅力的だ。

人生の大切なことは、あらかた徒然草に書いてある。

枕草子

清少納言

これほど自分の好みを言い切ることだけで成り立っている古典も珍しい。世の中のあらゆることを自分というザルに流しこみ、残ったものを列挙する。自分の「好み」に対する肯定感がすばらしい。現代でブログを書いても、まちがいなく人気者になったことだろう。

冒頭の「春は曙」の段は皆が暗誦しているが、それに比して、全編を通読した人は少ない。通しで読むと、「自らの感性を肯定する生き方」を学べる。好みは誰にでもある。しかし、ありとあらゆるものについて好みをいうだけのエネルギーは普通ない。たとえば、馬は黒くて少し白がまじっているのがいい、牛は額が小さく白いのがいいという（五〇、五一）。「虫は鈴虫がいい」というのは観賞の対象だからわかるが、馬、牛、はては牛飼《うしかひ》は大柄で赤ら顔がいいとまでコメントする。この徹底度には感動する。迷いのなさが新鮮だ。

ユーモア感覚もすぐれている。「ありがたき（めったにない）もの」（七五）として、姑《しゅうとめ》にかわいがられる嫁と毛がうまく抜ける銀の毛抜き、主人の悪口を言わない従者が並記される。本来比べられたり、同じグループに入ったりしないものが並ぶと、つい笑ってしまう。世の中の見方（グループ分けの仕方）が変わる。

人の噂話はやめられない、人の噂話を聞いて腹を立てる人の気持ちはわからない、などと正直にいう（二七〇）。「人のかたちはをかしうこそあれ（人の顔は興味深い）」といい、よい出来でなくとも一か所くらい、いいところがあるものだ、と書き付けるのも率直だ（二七一）。

「をかし」のセンスに満ち満ちて、しかもおそれなくそれを全開にして列挙する率直さ。こんなに生きいきと感性が躍るのをみると解放感がある。自分の感性の表現が、当時の社会の有り様の生きいきとした記録になっている点もすばらしい。社会学のフィールドワークのお手本のように、もれなく宮廷社会の細部までが記録されている。

主観を思い切り出しているのに、社会の細部がわかる。それは清少納言のアンテナが優れているからだ。「したり顔（得意顔）」として、正月一日にくしゃみをした人を挙げ、身分のある人はそんなことで得意顔はしない、という（一八五）。こんな感覚はなかなか記録に残らないものだ。「くるしげなるもの」（一五七）として、愛人二人から燻《いぶ》されるようにされている男や、疑い深い男に深く愛されている女が挙げられている。現代でもありそうなことだと人の世の変わらなさを感じたりもする。「瓜《うり》にかきたる稚児の顔」（一五一）など小さきものを「うつくしきもの（かわいらしいもの）」とする感覚には、世界に広まった「カワイイ」感覚の萌芽がある。

一つひとつの段の言葉にイメージをふくらませつつ、通読してみてほしい。

おくのほそ道

松尾芭蕉

芭蕉は「土地価値」を日本の歴史上もっとも高めた人物ではないか。金銭的な価格ではなく、文化的な価値のことだ。言葉の芸術によって文化的品格を旅先の土地土地に与え、後世訪れる人々を楽しませ続けている。

『おくのほそ道』という一書によって、どれだけ各地の価値が高められたかはかり知れない。私の地元の静岡にも「梅若菜丸子《まりこ》の宿のとろろ汁」という芭蕉の句碑が立ち、とろろ汁屋さんを盛り上げている。

『おくのほそ道』の旅は、古典をたどる旅でもあった。黒羽の八幡宮を参拝すれば、これがあの那須の与一が扇の的を射るとき祈願した神かと「感応《かんのう》」をしきりに覚える。古人の足跡をたどり、魂に感応する旅は続く。

敬愛する西行ゆかりの柳に立ち寄ると、西行の歌「道のべに清水流るゝ柳かげしばしとてこそ立ちどまりつれ」に「田一枚植《うゑ》て立去《たちさ》る柳かな」と付け句する。早乙女の田植を見たとも、芭蕉自身が「田植」をする幻想ともとれる。西行の魂と「しばし」遊ぶ鎮魂の句だ。

山形の立石寺《りっしゃくじ》での名句「閑《しづか》さや岩にしみ入る蟬の声」は、蟬しぐれの中に静寂と清涼を感じる感性が鮮かだ。もとは「さびしさや岩にしみつく蟬の声」だったともいわれる。言葉を練り上げてゆく厳しさと楽しみが、この名句には内蔵されている。

芭蕉がめざし、『おくのほそ道』でやり遂げた、文と句が絶妙に組み合わさった紀行文は、旅の最中に書かれた日記ではない。旅を終えてから五年間練られ、記録文ではない、虚と実がまじり合った文学作品としての『おくのほそ道』が完成した。五年という長い発酵期間を経て熟成した。しかも刊行は芭蕉没後八年目の元禄十五年(一七〇二)であり、元禄二年の出発から時は流れた。

芭蕉の眼は、自らの死をも超えて、遠い射程で俳諧文学の花開く姿を見ていた。今、日本中で、そして世界の各地で俳句が愛されている現実を見れば、はるかかなたを見据えた達人の眼力がいかにたしかなものだったかがわかる。

『おくのほそ道』は声に出して読むとリズムがいい。それほど長くはないので、全文音読がおすすめだ。全文書き写すのも流行したように、手でもゆっくり味わえる。「月日《つきひ》は百代《はくたい》の過客《くわかく》にして、行《ゆき》かふ年も又旅人也《たびびとなり》」という冒頭部にも李白、杜甫、宗祇、西行への思いが込められ、全編に人との一期一会の出会いの感興があふれる。人の命ははかないからこそ、出会いと別れが味わい深く、小さきものにも心が動く。『おくのほそ道』で絵本を編集したことがあるが、「夏草や兵《つはもの》どもが夢の跡」「暑き日を海にいれたり最上川」「荒海《あらうみ》や佐渡によこたふ天河《あまのがは》」といった名句は、幼児の心も動かす力を持っている。

上手・下手を超越した「魂」の絵画があるんだ、あらゆる生命が燃え上がる世界に私たちは生きているんだとゴッホは気づかせてくれる。手紙を読むことで絵がいっそう力強く訴えてくるようになる。この本は「芸術家ゴッホの心臓そのもの」(ベルナール)だ。

ゴッホの手紙

ゴッホ

ゴッホは生命を讃え、労働を尊んだ。芸術のための芸術を嫌う。キリストこそ、「永遠の生命の確実性を肯定」した「偉大な芸術家」だ、「不滅の、生きた人間を造った」のだという。「われわれは実生活の画家であり、息のあるあいだは喘《あえ》いで働かなければならない」。この言葉は働く者すべてを励ます。

ゴッホは日本と日本の芸術家(浮世絵師)を敬愛した。わずかの金しか稼がず普通の職人の生活をし、お互いの作品を交換し、助け合っていた芸術家の関係にあこがれた。光輝く南仏なら、「日本人の気持をよく理解出来るようになる」と考える。「いいかね、彼らみずからが花のように、自然の中に生きていくこんなに素朴な日本人たちがわれわれに教えるものこそ、真の宗教とも言えるものではないだろうか。日本の芸術を研究すれば、誰でももっと陽気にもっと幸福にならずにはいられないはずだ」。日本の芸術家のように「一茎の草の芽」を研究することが賢者への道だとゴッホは信じた。

ゴッホは仲間を求めた。古代ギリシアの彫刻家やドイツの音楽家の頂への到達は、「個人の力を超越した、おそらくそれは共通の思惑の下に結合して製作する人々のグループによってなし遂げられる」と考えた。場所は、南仏。ここには北にはない色彩がある。「太陽の偉大なる効果の持つ単純さと荘重さ」を実感できる。「ここへ来たらゴーガンもきっと、この土地が好きになるにきまっている」。その後の展開を知る私たちにとって切ない言葉だ。

理想の場所を見つけ、自分のスタイルもつかんだ。しかし、絵は売れない。ゴッホを支え続ける画商の弟テオへの手紙は、たいてい「百フランと手紙、ほんとにありがとう」と始まり、「心の中で君の手を握る」で終わる。ゴッホは描くことに没入する。

「真黄色でとても明るい麦畑を描いた」。「いつも糸杉に心をひかれる。ひまわりを扱ったように描いてみたいのだ。まだ僕が感じているように描いたものを見たことがないのだ」。感じている世界を表現するには「遅い長い仕事だけが唯一の道」だ。

一八九〇年七月二十九日、亡くなった時に持っていたテオへの手紙。「最善を尽くそうと絶えず求めたものの考え方を真剣にもう一度伝えたい」。「自分の仕事のために僕は、命を投げ出し、理性を半ば失ってしまった」ったが、「きみは仲間だ、僕はそう思う」。

魂の言葉を魂で受け止めたい。

人間のおろかさ弱さを見つめる

阿Q正伝

魯迅

阿Qとはだれか。阿Qとは今の私(たち)ではないか。こう問いたくなるのが、この作品の古典力だ。古い因習・習慣にとらわれ、個としての自分の意見を持てない。権力と富を持つ者にへつらい、少しでも下に見える者には差別意識を持ち強く出る。時流に流され、付和雷同し翻弄される。現実を直視せず、言い訳と妄想でごまかし現状を改革できない。自分のしていることの意味もわからず、自らが陥っている事態の深刻さにも気づかない。これが阿Qと彼をとりまく人々の姿だ。

中国辛亥革命前後の話だが、はたして現在の私たちと無縁といえるかどうか。たとえば、大津市の中学二年生自殺事件における学校や教育委員会の保身体質には、この作品が重なる。事態を直視せず、ごまかそうとしていっそう悪化させる。何を優先的に守るべきかの判断能力も欠如しているように見える姿に、阿Q的世界の根深さを感じる。他にも、バブル景気に多くの大人が便乗し、その後の経済停滞を生みつつだれも責任を取らない構図、原発安全神話を喧伝し権益を維持してきた原子力村、生活保護不正受給問題など、「阿Q正伝」を読んでいると、現在の「停滞」や「ごまかし」が想い起こされて止まらなくなる。

なぜこの作品が強い「問題意識喚起力」を持つのか。それは魯迅の「憤り=志」エネルギーが作品の中で暴れているからだ。「阿Q正伝」や「狂人日記」が収められた短編集『吶喊《とっかん》』(開戦の際の雄《お》叫《たけ》びのこと)の自序でこういう。「愚弱な国民は、たとい体格がよく、どんなに頑強であっても、せいぜいくだらぬ見せしめの材料と、その見物人になるだけだ」。この言葉は「阿Q正伝」のラストシーンにまさに重なる。中国国民の維新をめざし日本で医学を学んでいた魯迅は、スライドで中国人の見せしめ処刑を見て、「最初に果すべき任務は、かれらの精神を改造することだ。そして、精神の改造に役立つものといえば、当時の私の考えでは、むろん文芸が第一だった。そこで文芸運動をおこす気になった」と志す。

文芸こそが精神の維新のための第一の方法だという思いを理解して「阿Q正伝」を読みたい。阿Qは因襲的な社会の最下層にうごめく人間だ。敗北や屈辱にも独自の「精神勝利法」でへこたれない。負けても意気揚々と引きあげるのは「中国の精神文明が世界に冠たる一証」だ(もちろん皮肉)。「忘却」という祖先伝来の宝もある。

「三十にして立つ」年ごろになって、若い尼さんから、ふわりふわりにされてしまう。女に「おれと寝ろ」と襲いかかり村を追い出される。革命の時流に「こん畜生どもをカクメイしてやる」と乗ろうとする。何がなんだかわからないうちに最悪の事態へと追い込まれる。阿Qの姿は切なく忘れがたい。

並の小説を百冊読むよりも、この名作をおすすめする。これを読めば、「小説とは、文学とは何か」がわかる。その後の読書の質が変わる。「基準」は最高の作品によって作るのがいい。

罪と罰
ドストエフスキー

主人公ラスコーリニコフは、高学歴だが社会的に評価されず無職貧乏状態で、内側にエネルギーをため込んでいる。「なぜこの優秀な俺が評価されないのか」と、自己評価と他者からの評価のギャップにいらついている。朝は「むしゃくしゃするねばつくような重い気分で目をさます」。ムカック青年の元祖的な存在だ。

ナポレオンのような英雄ならば人を殺しても許される。この行き(息)詰まった状況を一発で逆転させるため、金貸しの老婆を殺す計画を立て、実際に一線を踏み越えてしまう。人生がうまくいかないために世の中をいわば逆恨みして犯罪行為を妙な論理で正当化する。これは物語の世界だけのことではない。ラスコーリニコフ的気分は時代を追うごとに色濃くなっているともいえる。

殺人後、ラスコーリニコフは激しく動揺する。彼の背負った罪はどうすれば許されるのか。魂に救いはあるのか。悪として開き直ることもできず、かといって本当には後悔も反省もしていない、このどうしようもない男はどうなるのか。

この救いがたい魂に、家族のために娼婦となって働く信心深い少女ソーニャの魂が反応した。ラスコーリニコフに頼まれ、ソーニャが聖書の一節を朗読する。消えそうな蠟燭が、「不思議な因縁《いんねん》でこの貧しい部屋におちあい、永遠の書を読んでいる殺人者と娼婦《しょうふ》を、ぼんやり照らしだしていた」。「いまのぼくにのこされたのはきみ一人だけだ」、「いっしょに行こう……そのためにぼくはここへきたのだ。ぼくらは二人とも呪《のろ》われた人間だ」。「きみだって踏みこえた」。そしてついに殺人を告白する。「ぼくを見すてないでくれるね」という言葉にソーニャは「あなたについて行くわ、どこへでも！」、「どうしてもっと早くあなたを知らなかったのかしら！」と応える。

この緊迫したやりとりの場面を小学四、五年生に音読したことがあるが、彼らは恐ろしいほどの集中力で聴き入っていた。とりわけソーニャが「いますぐ外へ行って、十字路に立ち、ひざまずいて、あなたがけがした大地に接吻《せっぷん》しなさい」、「いっしょに苦しみを受けましょうね」というところに揺さぶられていた。名作は音読によって力を増し、だれの心にも奥深く入ってゆく。

他の人物たちもドストエフスキーらしい過剰な人物ばかりだ。のんだくれのマルメラードフ（ソーニャの父）は、どうしようもない人間だが妙な魅力がある。あやしげなスヴィドリガイロフと刑事のポルフィーリィはともに、ラスコーリニコフに、君には「空気」が必要だ、という。この「空気が足りない」感覚は、世の中の「生きにくさ」そのものでもある。江川卓さんの『ドストエフスキー』、『謎とき『罪と罰』』を併読すると、この小説の恐るべき深みと仕掛けに感銘を受ける。

変身

カフカ

ある朝目が覚めたら、虫になっていた。この設定は世界的に有名だ。ふだん文学など読まない人でも知っている。それだけでもすでに古典の資格を持っている。しかも巨大な「虫」が現代人の孤独の象徴のようだという感覚までが共有されている。世界の財産となった「現代の寓話」である。

変身後が白鳥やライオンならその後の展開がまったく違う。だれが見てもゾッとする、褐色の巨大な虫であるところがポイントだ。「たとえ姿が変わっても兄さんは兄さんよ」と妹はいってくれない。気持ちが悪い、話したくない、関わりたくない、一緒の空気も吸いたくない。家族が皆、グレゴールから遠ざかる。自分の部屋にいるしかなくなる。「引きこもり」状態を強いられる。

変身した原因は、はっきりしない。営業マンとしてのストレスがたまったせいだろうか、と考えたりする。「明けても暮れても出張、また出張」、「ああ、何から何までうんざりだ！」と嘆いてみるものの、事態は変わらない。

同じ悲劇的運命にしても、古代ギリシアのような英雄的な雰囲気にはならない。日常性が強すぎて、運命に抗うかっこよさは演出できない。うごめいて、人がくればベッドの下に隠れる、立場の弱さは、理不尽な運命に直面しても英雄にはなれない現代人を象徴している。

カミュは『シーシュポスの神話』で、転がり落ちる石を際限なく山へ押し上げ続けるシーシュポスを「不条理の英雄」と呼んだが、グレゴールは「不条理の一般人」だ。運命に文字通り手も足も出ない。悲劇を受けとめる明確な覚悟もなく、運命に翻弄される。父親にリンゴを投げつけられた傷がもとで死んでゆく展開には、カフカ自身の父との関係が影響しているともいわれる。これは「家族」の寓話だ。家族のつながりとは何なのか。救いのない展開を前にして、日常ではあいまいになっている、孤独な存在としての自己を見つめることになる。マザー・テレサならば、虫になっても変わらずに接してくれるだろう。しかし、マザー・テレサは登場しない。信仰なき時代の人間の集まりでしかない家族、そして会社は、どこまで見捨てずにいてくれるか、信用はできない。

この物語は、金《かね》をめぐる物語でもある。虫でも金を稼いでいれば扱いはずいぶん違っただろう。一家は、収入を失ったグレゴールを、とたんに邪魔者に感じ出す。稼がない大人の男は、巨大な虫のように、気持ち悪い邪魔者なのだ、というメッセージとも受け取れる。解雇された男は、虫として扱われる非情さ。たとえその解雇が理不尽なものであっても、失職状態が続けば自信を失い、関係は悪化する。『変身』はちょっとした差異でも「キモイ!」と排除する傾向に対しての警鐘としても読める。思わずいろいろ想像して多様な読み方をしてしまう。これが『変身』の魅力だ。システムに排除され続ける心理については『城』を併読されたい。

赤と黒

スタンダール

ジュリアン・ソレル。この名を聞いて、「野心ある青年の象徴的存在でしょ」とピンとこない人は、古典の素養というより常識が欠けている——といわれてもおかしくないほど有名なキャラクターだ。

才智と美貌に恵まれ、しかししがない製材所のせがれにすぎない青年が立身出世を望む時、いったいどんな道があるのか。強烈な野心と情熱と自負心。そのエネルギーが若々しい美貌から発散される時、女たちは一瞬にしてその力の虜《とりこ》となる。まさに縛られ逃れようもなくなる。理性で抵抗しようとしても無駄だ。もっと深いところで完全に捉えられている。

この作品は心理小説の傑作といわれるが、もっと深い情動、欲動レベルのうごめきが微細に手に取るように描かれている。

出版されたのは一八三〇年。一七八九年頃のフランス革命による旧弊打破の激動、そして「フランス革命の精神を全ヨーロッパへ広げる」という大義名分の下、戦争に勝利し続けたナポレオンの時代、やがて失脚しセントヘレナ島で亡くなるのが一八二一年。

ナポレオンの時代ならば、ジュリアンのような青年は「赤い」軍服を身につけ武功によって出世ができた。しかしナポレオンが失脚し王政へと反動化した今、上昇する道は閉ざされた。貴族と僧侶という旧態依然たる上層階級が再びのさばり始めた。この事態への怒りと批判が『赤と黒』には込められている。あの改革の勢い、自由への希求は、どこへ。同時代を生きるスタンダールの筆は、先鋭なジャーナリストのように上層階級の欺瞞《ぎまん》を容赦なく暴く。ジュリアンは「黒い」服を身につけ僧侶としての出世の道を進む。赤と黒はここから来ているという説が有力だ。

ジュリアンはルソーの『告白』とナポレオン軍の戦報の集録と『セント・ヘレナ日記』を聖典とし、「この三冊の本のためになら、死をも恐れなかったろう」。ラテン語の新約聖書を全部暗記したのは、信仰心によるのではない。それが社会的に評価される力、上昇のための武器だからだ。ナポレオンの肖像を隠し持ち、「立身出世がかなわぬならむしろ死を選ぼうという確乎たる決意」を秘めた青年は、野心の魅力に輝く。自分の雇い主その他すべての人間に対して自尊心を高く保ち、プライドの戦いを細やかに挑み、勝利感に酔う。

レナール夫人の気持ちを奪うことも、「英雄的な義務」の一つだ。マルクスのいう「階級闘争」を果敢に独力で遂行しようとする。恋の戦いで「侯爵をやっつけるというすうれしさ」を味わう。「材木商のせがれが勝ったのだ」、「おれは奴らより才智が優れているんだ」。現代流の軍服を選ぶことを心得ているのだ」と興奮するジュリアンを、だれが笑えようか。しかも夫人との恋は偽りではない。

格差が広がり、草食系が増えている現在、ジュリアンの魅力と切なさに触れてほしい。

ブッダのことば

日本は仏教国とされ、仏教にはなじみがあるが、ゴータマ・ブッダのことばを読んだことがある人は意外に少ない。読経を聞くことはあっても意味は鮮明ではないし、漢訳された大乗仏典はブッダのことばそのものではない。

ここは一つ、源にさかのぼり、ブッダのことばを素直な心で聴いてみよう。読むのは簡単。一日で読める。しかし、身につけるには一生の修行を要する。とはいえ、折にふれて読むだけでも心が整う。

メッセージはシンプルだ。それがくり返される。たとえば「他人に従属しない独立自由をめざして、犀の角のようにただ独《ひと》り歩め」、「濁《にご》りと迷妄《めいもう》とを除き去り、全世界において妄執のないものとなって、犀の角のようにただ独り歩め」とくり返し説かれると、「犀の角のように独り歩もう」という気持ちになる。

私たちは、独りを孤独でさびしいと思いがちだが、「聖者の道は独り居ること」であり、「独り居てこそ楽しめる」とブッダはいう。しっかりと中心軸を持って回り続ける「独楽《こま》」のように独り楽しむイメージでもいい。軸があれば、「独り」は悪いものではない。

「能力あり、直く、正しく、ことばやさしく、柔和《にゅうわ》で、思い上ることのない者」となれ。足ることを知り聡明であれ。「一切の生きとし生けるものは、幸福であれ、安穏《あんのん》であれ、安楽であれ」。

「全世界に対して無量の慈《いつく》しみの意《こころ》を起すべし」。ブッダの言葉は、宮沢賢治の「雨ニモマケズ」や「世界全体が幸福にならないうちは、個人の幸福はありえない」という言葉を想起させる。時を超えて、ゴータマ・ブッダの魂と思想が「ブッダDNA」として引き継がれてきたと感じる。

めざすは平安の境地、ニルヴァーナ。執著《しゅうじゃく》からはなれるのが、そこに至る道だ。「足で蛇の頭を踏まないようにするのと同様に、よく気をつけて諸々の欲望を回避する人は、この世でこの執著をのり超える」。諸々の煩悩の消滅した状態が「安らぎ」であると知れ。「心が沈んでしまってはいけない。またやたらに多くのことを考えてはいけない」。「自分は勝れている」とか「劣っている」とか思ってはならない。

「古いものを喜んではならない。また新しいものに魅惑《みわく》されてはならない。滅びゆくものを悲しんではならない」。「おのれ自らをととのえよ。──御者が良い馬をととのえるように。おのれ自らをよくととのえて、念《おも》いをおちつけて、苦しみの彼岸に達する」(『ブッダの真理のことば・感興のことば』)。

ブッダとは目覚めた者だ。「一〇〇%のブッダ」は無理でも「五%のブッダ」なら始められる。まずは独り静かに坐し、本書を一ページ読んで息を落ちつけ、五分間瞑想してみよう。皆が少しずつ目覚めれば、世界も平和になる。

マクベス

シェイクスピア

人の心の深部を捉えた名言に満ちあふれ、息もつかせぬ緊迫感でラストまで引っ張っていく、不朽の傑作だ。黒澤明の映画『蜘蛛巣城』は、『マクベス』を原作とし、日本の戦国時代に舞台を置き換えている。アレンジされて名作を生み出すことが、この作品の古典力を示している。優れた戯曲は設定を変えても、名作の本質を失わない。

スコットランドの武将マクベスは、王ダンカンからの信頼も厚い勇将だが、三人の魔女に「いずれは王ともなられるお方!」と予言めいた言葉をいわれ、心の奥底にあった「王になりたい」という欲望に火がついてしまう。欲望は自覚化され、増幅し、心の中でモンスターのように育つ。とはいえ理性も働き、「そんなあさましい誘惑に、なぜ膝《ひざ》を屈するのだ」と迷う。しかし、予言を知った夫人が王殺しへとマクベスを追い立てる。「人情という甘い乳」がありすぎ、野心を操る邪《よこしま》な心に欠けている夫を待ち構え、「さあ、早く、ここへ、その耳に注ぎこんであげたい、私の魂を」と独白する。マクベスは、「やってしまって、それで事が済むものなら、早くやってしまったほうがよい」と思いつつ、「ただ野心だけが跳びはねたがる、跳びのったはよいが、鞍《くら》ごしに向う側に落ちるのが関の山か」と冷静にもなる。夫人に「もう、やめにしよう」というが、夫人に「魚は食いたい、脚は濡《ぬ》らしたくないの猫《ねこ》そっくり、「やってのけるぞ」の口の下から「やっぱり、だめだ」

の腰くだけ、そうして一生をだらだらとお過しになるおつもり?」といわれる。一旦こうと誓ったからには、自分の赤子の「脳みそを抉《えぐ》りだしても見せましょう」とまでいう夫人の気力に影響され、「男の子ばかり生むがよい! その恐れを知らぬ気性では、男しか生めまい」、「よし、腹を決めた、体内の力をふりしぼって、この恐ろしい仕事に立向うぞ」と決意する。この場面を小学生や大学生と音読すると盛り上がる。

夫人のインパクトは強烈で劇的人物として魅力的だ。私は百回以上この場面を音読しているが、飽きるどころか、いよいよ気に入り、暗誦してしまった。戯曲はセリフだ。役者気分で音読すると、すごさがわかる。魔女のセリフ「きれいは穢《きた》ない、穢ないはきれい」も盛り上がる。

王の血に手を染めた二人を「門を叩く音」が脅かす。「ああ、その音でダンカンをたたき起してくれ!」と後悔するも、時すでに遅し。マクベスは王の亡霊に悩まされる。「御自分の恐怖心が生んだ絵姿」、「何もありはしませぬ」と夫をたしなめる夫人も精神錯乱に陥り、手を洗う動作をくり返し、死んでしまう。妻の死を聞いたマクベスのセリフは、いかにもシェイクスピアらしい。「人の生涯《しょうがい》は動きまわる影にすぎぬ。あわれな役者だ、ほんの自分の出場《でば》のときだけ、舞台の上で、みえを切ったり、喚《わめ》いたり、そしてとどのつまりは消えてなくなる」。世界は一つの舞台、人はみな役者、なのだ。

社会の中の人間

監獄の誕生―監視と処罰

フーコー

難しい文章は、論理の裏にある感情を推察することで理解しやすくなる。

たとえば、フーコーが嫌うものを考える。自由を奪う権力。『ドラえもん』のジャイアンみたいにわかりやすい権力なら対処もしやすい。しかし、誰が権力をふるっているかもわからない形で、細かく自由が奪い取られる方がまずい。そこに専門家(知の権力)が加担し、もっともらしい理論で補強するとなおやっかいになる。「正義」「真理」「安全」といった言葉でごまかされてはいけない。

この本のキーワードは「監視」と「規律訓練《フィシプリーヌ》」だ。十八世紀に「最大多数の最大幸福」で有名なベンサムが考案した「一望監視施設《パノプティコン》」は、権力のあり方の変化を象徴的に示す。それまでの牢獄では受刑者を暗い所に大勢閉じ込めていたが、ベンサム考案の刑務所では受刑者が監視の視線に常にさらされる。中央の監視塔から、それを円周状にとりまく建物の明るい独房が一望できる。独房から監視塔の中は見えない。視線は完全に一方的で、見られるのは明るい独房の中にいる側だけだ。「これは重要な装置だ、なぜならそれは権力を自動的なものにし、権力を没個人化するからである」。

誰が自分を監視しているかはわからない。しかし常に監視され続けている。この精神状態が続くとどうなるか。自分で自分を監視するようになるのだ。監視の一方的視線を自分の中に内面化してしまい、自発的に「権力による強制」を自分自身に働かせるようになる。これが「自発的服従」だ。こうなると権力側は暴力を使って服従させる必要はなくなる。監視者は一人でいいのだから効率がいい。見えないのだから、いなくてもわからない。究極的には無人でも、受刑者は勝手に自分を監視し、服従する。「権力的関係を自分に組込んで、自分がみずからの服従強制の本源になる」とは、恐ろしいシステムだ。

より恐ろしいのは、これが刑務所だけでなく、学校・工場・病院など現代のさまざまな施設に応用可能であり、すでに応用されているということだ。社会の「安全」の名のもとに監視カメラが身のまわりにあふれる。個々人の成績や遺伝子情報、好みなどは、匿名的な何者かに握られ利用される。権力は細部にわたって作用し、捉えがたい。

そして規律訓練は、人間の多様性を規格化し、序列化し、利用しやすくする。規格化された従順な人間は扱いやすい。「自由〔の概念〕を発見した《啓蒙時代》は、規律・訓練をも考案した」のだ。

フーコーが解剖してくれた、この顔のない微視的な権力に対してどうしたらよいか。まずは相互関係を密にすることだ。「孤立状態は、全面的な服従の第一条件」だからだ。そして、監視の視線と規律訓練に対して逆にチェックを入れていく。コンピュータによる情報化社会では、監視をめぐる攻防がカギとなる。

プロテスタンティズムの倫理と資本主義の精神
マックス・ヴェーバー

大学一年の時、必読の古典とされていた本書を友人と語り合いつつ、ノートに要約をまとめながら読み切った時、「ああ大学生らしい読書だったなあ」という感慨に浸った。

「逆説」は人を引きつける。金儲けが止まらない近代資本主義が、なぜ禁欲を説くピューリタニズム（特にカルヴァン主義）の国々で発達したのか。営利の追求を敵視する信仰を持った人たちがどうして資本の増殖にいそしんでしまうのか。もしかしたら、プロテスタントの倫理の中に、近代資本主義を促進してしまう要素があったのではないか。――こんな魅力的な逆説的問いを立てられたら、つい読みたくなってしまう。世俗内禁欲を意識し、まじめに「天職《ベルーフ》（Beruf）」をまっとうしようと労働し続けると、欲しくもない大量のお金（資本）がたまってきてしまうが、禁欲的だから浪費もしないので資本は増え、それを次の活動に投入（資本投下）すると、いよいよ儲かってしまい、そのうち資本の自己増殖システムに自分も宗教的倫理観ものみこまれてしまい、濁流のような資本主義が残る。大雑把にいうと、こうなる。

資本主義の精神とは、たとえばフランクリンの考え方だ。「時間は貨幣だ」、「信用は貨幣だ」、「貨幣は繁殖し子を生むものだ」。勤勉・質素で時間を守る正直な人間であれば信用ができ、金が増える。これは倫理であり、義務である。個人の気質や意思ではなく、ある時代のある社会の倫理的雰囲気が問題とされる。諸々の徳は行動のシステムとして統一される。

カルヴィニズムの予定説では、運命はきまっているので、人々は「救済」の保証が得にくく不安になる。「救済」を求めて、神から与えられた使命としての職業を天職《ベルーフ》として懸命に務める。その結果富裕になってしまう。プロテスタンティズムの禁欲は、「労働を天職と見、また、救いを確信しうるための最良の――ついにはしばしば唯一の――手段と考えることから生じる、あの心理的起動力を創造した」。「神の国を求めるひたむきな努力」と「厳格な禁欲」が、「資本主義的な意味での労働の「生産性」をいかに強く促進せずにいなかったか」。「営利を「天職」と見なすことが近代の企業家の特徴となったのと同様に、労働を「天職」と見なすことが近代の労働者の特徴となった」のだ。

イタリアのようなカソリックの国や東洋の国々では、「ほどほど」にバランスよく人生を楽しむ。この「ほどほど」を失い、「とことん」突き進み、競争し続ければ、「鉄の檻」に住むことになる。「精神のない専門人、心情のない享楽人」の行く末を、私たちはリーマンショックその他で目撃している。

生き方を考えさせてくれる社会学。それがヴェーバーの魅力だ。『職業としての政治』、『職業としての学問』も併読したい。世界は、歴史は、単純ではない。法則化はできない。多元的な視点で捉えよう。そんなメッセージが紙背から伝わってくる。

マネジメント

ドラッカー

現在は、マネジメントを大学や大学院で学ぶ人が増えたが、「学問としてのマネジメント」を確立したのがドラッカーであり、その学問的集大成がこの本だ。ドラッカー経営学は企業の経営を改善する実践的ヒントにあふれている。会社だけでなく、NPOのような非営利組織などおよそ組織といえるものすべてに参考になる考え方が用意されている。現実を改善し成果を上げるための最大の武器をドラッカーは整備した。その武器とは、概念《コンセプト》と命題だ。

たとえば、企業の目的は顧客を創造することだという命題によって、「顧客の創造」という考え方を意識するようになる。潜在的な需要を探り当てるアンテナを持っているかという課題意識が読者に生まれる。普通は顧客は創造するものとは思っていない。ドラッカーの概念と出会った瞬間、新たな意識が生まれる。本書の副題は“Tasks, Responsibilities, Practices”だ。「課題（務め）、責任、実践」と訳されるが、英語の原タイトルでは複数形であることに注意したい。責任などというと抽象的で漠然とした感じがするが、複数形は具体的に諸々なすべきことを意味する。

ドラッカーの理論を再述するのではなく、本を読み自分の組織を活性化する具体的行動を起こすこと、すなわち「ドラッカーを使いこなす」ことがドラッカーの願いだ。その意味で、岩崎夏海『もし高校野球の女子マネージャーがドラッカーの『マネジメント』を読んだら』は正統的なドラッカーの読み方であり、ドラッカー活用法を世に広める多大な功績をなした（主人公が読んだのはエッセンシャル版）。部活でもどこでも使える理論は実践的だ。

マネジメントの役割の柱は、その組織の使命を果たす、働く人を生かす、社会に貢献する、の三つだ。本来の使命とは違うことをやったり、働く人が喜んでいなかったり、社会のためになっていないならマネジメントは機能していない。顧客の欲求を知る「マーケティング」、価値やシステムを刷新する「イノベーション」、人・モノ・カネの「経営資源」、効率的に成果を上げる「生産性」、世の中に貢献する「社会的責任」の五つを目標にする。利益は目的ではなく、継続の条件。企業は社会の公器。人こそ最大の資源。時間をうまく管理し、各人の強みを生かす。

こういったドラッカーの考え方は、働く人と顧客の幸福をめざしている。マネジメント力を社会の皆が身につけることによって、幸福感のある社会となり、専制政治や全体主義を排除できる。企業や組織のあるべき姿を示し、理想の社会への具体的な道筋を教えるドラッカーは、改革を導いたルソーのような社会思想家であり社会教育家だ。自伝『傍観者の時代』も面白い。

私は教育を『マネジメント』の観点から捉え直すことを提案したい。「時間が最大の資源だ」というドラッカーの考え方に私は共感する。ストップウォッチを使って時間の密度を濃くする。三十秒、一分を大切にすることで、意味の濃度が高くなる。「私は君たちの時間をムダに奪ってはいないか」という問いかけの意識が教師（上司）には常に必要だ。実践してこそマネジメント。

風姿花伝

世阿弥

今から六百年ほど前に、能の大成者世阿弥によって書かれた芸道論だが、現在の私たちに多くの人生の知恵を授けてくれる本だ。父の観阿弥が、自分の経験の精髄を後継の長男世阿弥に口述したものに、世阿弥自身の解釈を加えている。したがって本書は観阿弥の考えが色濃い。世阿弥の芸道論としては、名著「花鏡」を併読したい。

能という芸で一族が厳しい世を生き抜いてゆく。そのための秘伝が本書であり、「これを秘し伝ふ」が最後の一文だ。将軍や貴族ら貴人たちを満足させ、一方で一般の観客をも喜ばせる。神事の儀礼の品格を備えつつ、面白さも必要とされる。質が高く、しかも一般受けする芸。この課題は現代の仕事にも通じるので、自分に引きつけて考えやすい。

この課題に対するキーワードは「花」。秘する花を知ること。「秘すれば花、秘せねば花なるべからず」という言葉は有名だ。「花」とは何か。「花は見る人の心にめづらしきが花なり」。すべて知られてしまえば、珍しさはなくなり、花もなくなる。秘することと、隠すことによって「花」が維持できる。観客の予測通りではだめだ。

「人の心に思ひも寄らぬ感を催《もよほ》す手立《てだて》、これ、花なり」。つまり、「ほう」と感嘆の息をもらさせるのが花だ。単に芸術的に至高であるというのではなく、意外性が必要なのだ。秘密を守り、「人に油断させて、勝つ」、この兵法のやり方でわが家は「花」を維持し生きのびてゆくのだ。こうした切実な現実的な思いが文にあふれる。

「花」は演者の年齢や状況によって変化する。十二、三の頃はかわいらしい魅力があるが、「この花は、誠《まこと》の花には非ず。ただ、時分《じぶん》の花」である。技を大事にして、稽古しなければだめだ。二十四、五の頃上手に見えるのもまだ真の花ではない。「時分の花」を「誠の花」と勘ちがいすると、「真実の花」から遠ざかることになり、もともとの「花も失《う》する」。「よく〳〵心得べし」。

観阿弥・世阿弥の厳しい言葉は、私たちへの親身な助言として読みたい。

四十四、五まで失《う》せない花が真の花だ。真の花を得た者ならば、老いても、「花は残るべし」。亡父（観阿弥）が五十二歳で亡くなる十五日ほど前に申楽《さるがく》を舞ったが皆にほめられた。「誠に得たりし花なるが故《ゆゑ》に」、老木になるまで花は散らなかったのだ。これぞ「老骨《らうこつ》に残りし花の証拠なり」。このあたりを何度も音読していると、感涙がにじんでくる。

私たちが学ぶべきことは、たとえば「初心を忘れず」。未熟だった頃を忘れないこと。稽古（練習）は厳しく、自分勝手な考えは持たないこと。そして「工夫をつくす」こと。「物数を究めて、工夫をつくして後、花の失せぬところを知るべし」。経験を積み、工夫をつくす。これが秘伝であり、王道なのだ。

君主論

マキアヴェッリ

目次を見れば、著者の頭の整理度がわかる。マキアヴェッリの著書の目次は、ほれぼれするほど「具体的かつ本質的」だ。

「軍隊のために君主は何をなすべきか」、「どのようにして軽蔑と憎悪を逃れるべきか」、「イタリアの君主たちが政体を失ったのは、なぜか」等々、聞いてみたいテーマが列挙されている。その明快な思考力は時代を超える。

『君主論』は、フィレンツェ生まれ(一四六九年)のマキアヴェッリが、あのメディチ家の当主に献呈した「忠誠の証《あかし》の品」だ。「古今の事蹟について長らく熟慮し検討した結果」をまとめたもので、これ以上の贈り物は「私には作れない」という。特筆すべきは、マキアヴェッリ自身がいうように、「素材の多様性と主題の重要性」だ。具体的な事例を豊富に引き、重要な問題に対する基本をアドバイスする。

フランスのルイ王が支配地を失った件について五つの誤り(みずから移り住まなかったこと等)を具体的に指摘し、「他者が強大になる原因を作った者は、みずからを亡ぼす」という一般原則を抽き出す。ダレイオス王国で、アレクサンドロス死後、反乱が起きなかったのはなぜか、という問いも魅力的だ。つい聞きたくなる。「征服される以前に固有の法によって暮していた都市や君主政体を、どのようにして統治すべきか」という問いは、組織を継承する役割の者すべてが関心を持つ問いだ。現代の経営者やリーダーに、この本がマイ古典として愛されることが多いのは、マキアヴェッリの考えが合理的かつ実際的で、現在の自分の状況に置きかえて読めるからだろう。君主を経営者・リーダーに、政体を組織に読み替えれば、具体的なヒントに満ちた本になる。

本書には、冷酷さの正しい使用法といったことも書かれている。残虐にも悪い用い方と良い用い方があり、一挙に行ないその後は臣民に役立つように事態を転換するのが良いとする。「加害行為はまとめて一度になされねばならない。けれども恩恵のほうは少しずつ施すことによって、なるべくゆっくりと味わうようにしなければならない」という助言などは、支配術のようでエグい感じがするかもしれないが、「子どもを叱るときは一気にやり、ぐちゃぐちゃ引きのばさない」と読めば使える。

君主は野獣性と人間性を使い分け、りっぱな気質をそなえているように思わせることが有益だという助言もリアルだ。側近が有能で忠実ならば明君であり、追従者でなく賢人を側近とするなら、自由な発言を許す良い聴き手であれ。しかし、「それから後は、自分独りで、自分なりの方法で、決断を下さねばならない」。運命は果断に進む者に味方する。

すべての言葉が、事をなそうとする者にとって金言となる。『孫子』の兵法と併読されたい。

悲しき熱帯
レヴィ=ストロース

構造主義を代表する人類学者レヴィ=ストロースは、西洋的、近代的な価値観に疑問を持つ人々にとってあこがれの知の巨人だった。「未開」と決めつけられた民族に入り込み、フィールドワークをし、「野生の思考（知）」を復権させ、西洋中心主義的な考え方を相対化した。

『野生の思考』によれば、西洋人が未開人と呼ぶ人々は、自然を分類し秩序づけする「客観的知識に対する意欲」を持ち、その「知的操作と観察方法」は近代科学と同種の客観性を持つ。「どちらにおいても世界は、欲求充足の手段であるとともに、少なくともそれと同じ程度に、思考の対象なのである」。

手づくりの「器用仕事（ブリコラージュ）」をする「器用人（ブリコール）」は、科学者とは異なる世界の分類の仕方をしている、という違いがあるだけだ。西洋中心主義を見直す強力な援軍を得た気持ちになる。価値の尺度は一つではないのだ。デカルト的な自己意識が絶対ではないし、「発展」することがいいとは限らない。「野生の知（思考）」の復権は、西洋の知的エリートであるユダヤ人によってなされ、世界の知の地図を変えた。

『悲しき熱帯』は、アマゾン奥地のフィールドワークの記録だ。レヴィ=ストロースの感性が解き放たれた文章は熱く、美しく、胸を打つ。貴重な学問研究であると同時に高い文学性を有している。

紀行文なので「出発」から読むのもいいが、いきなり第六部「ボロロ族」や第七部「ナンビクワラ族」から入るのもエッセンスをつかみやすい。

たとえばボロロ族の「生者と死者」の章。住民が一人死ぬと、村は集団で狩りを催す。これは「自然に向けての討伐行」で、ジャガーを仕留めるのが理想だ。死者が出るとなぜジャガーを狩るのか。死は村に被害を与える。その「負債」は自然が負うべきものだ。死という損害を村に与えた自然には借りを返してもらう。それが狩りだ。死という損害が贖《あがな》われるために、葬儀は何週間も続く。ボロロ族の思考では、自然と文化が対置される。この点では民族学者と同じであり、彼らは社会学者である。生命は文化の系に属し、死は自然であり反文化的だ。

ナンビクワラ族は子どもたちに極めて強い愛情を持ち、父は子に神話を語る。この穏やかな反復を続けてきた生活は、危機に陥っている。ポルトガルによる民族大虐殺やヨーロッパ人のもたらした病気によって人口が何十分の一かに激減したからだ。「すべてを奪われた人間」。火の傍で裸で震えながら、「夫婦は、過ぎて行った結合の思い出に浸るかのように、抱き締め合う」。限りない優しさがここにはある。最終章の「世界は人間なしに始まったし、人間なしに終わるだろう」という言葉は重い。「人間を駆り立てているあの衝動」を抑え、「歩みを止めること」。エネルギー問題にもつながるメッセージだ。

生きる覚悟、生の美学

きけ　わだつみのこえ

日本戦没学生記念会

戦争で亡くなった学徒兵たちが日々書きつづった手記をまとめた本書は、ぜひとも高校生、大学生の人たちに読んでほしい。この本を読めば、戦争とは何か、どのように個人を追い込むものか、愛国心と自由主義は両立できるのか、何のために学ぶのか、明日戦死するとわかっている状況で人はどのような精神でいられるのかなど、生きる上で大切な問いかけが肉声で聞こえてくる。

問いへの答えは一つではない。しかし、学徒兵は、自らに大切な問いを問いかける。その問いかけは現在の私たちへの問いかけでもある。彼らの死の上に積み上げられた時の堆積の上で、私たちは彼らに恥ずかしくない生き方をしているだろうか。平和で本のあふれた状況において、どれだけ真剣に学んでいるだろうか。こうした問いをこの本から受け取ると、勉強の仕方が変わる。

私自身、浪人時代や大学生時代、本書や林尹夫《ただお》『わがいのち月明に燃ゆ』などを読み、その向学心の強さに刺激され、彼らに恥ずかしくない勉強をしようと心がふるいたった。

戦争は精神の自由を奪う。「特攻隊のパイロットは一器械に過ぎぬと一友人が言ったことは確かです」と上原良司はいう。しかし、「明日は出撃です」と書く。特攻の前日にも精神の内なる自由はあるのだと、上原の手記は教える。上原は日本を愛している。一方で、「権力主義全体主義の国家は一時的に隆盛であろうとも、必ずや最後には敗《やぶ》れる事は明白な事実です」と、自由主義者として日本の敗北を必然と捉えている。自由を奪う国家に未来はない、という思想だ。「自己の信念の正しかった事、この事はあるいは祖国にとって恐るべき事であるかも知れませんが吾人《ごじん》にとっては嬉《うれ》しい限りです」。実に複雑な思いの込められた言葉だ。

　中村勇は、こう書いている。「明日動員命令が下るという今日、俺は相変らず数学書を繙《ひもと》いている」。「友よ！　今後いかなる烈《はげ》しい現実に置かれても俺は相変らず歩いて行く、コツコツと自らの道を踏みしめて行く」。軍隊内では、自由に読書が許されない状況が普通であった。読書と勉強が学徒兵にとっては、命の糧そのものであった。

　菊山裕生は「僕が死んだ時肉親を除いて、と思うと、誰がいるか。すこし淋しい。然しここに真剣な一つの生があったと信じてくれる人がいたら、これほど尊い事はない。真剣に生きる、これ以外の何もない」と書く。菊山の思いは今の私たちにも届く。本はすばらしい。

　佐々木八郎は、「一箇の人間として、どこまでも人間らしく、卑怯でないように、生きたいものだと思う。世界が正しく、良くなるために、一つの石を積み重ねるのである」と書き、松岡欣平は「ファッシズムに溺《おぼ》るるなかれ」、「百年の後に悔《くい》を残すなかれ」と書く。大塚晟夫は「はっきり言うが俺は好きで死ぬんじゃない」、国の前途が、家族の前途が「心配で心配でたまらない」という。言葉の一つひとつを胸に刻みたい。

平家物語

平家物語は、語りによる鎮魂だ。鎮められる魂は、もちろん平家一族。怨霊となって災いをもたらさぬよう魂を慰める、そのために平家の栄華と悲しい運命が語られた。ラフカディオ・ハーンの「耳なし芳一」では、亡霊となった平家の人々が琵琶法師芳一の語りにうっとり聴きほれる様子が描写されている。

すべては「無常」、常変わらぬものなどない、という認識が、物語全体の基調低音として流れている。その上で活気ある合戦の場面が勢いを与える。やまと言葉と漢語がうまくまじり合った和漢混交文という文体の傑作とされるが、この硬軟合わせ持った日本語の奥行きが「無常」と「活気」の両方を生かしている。

合戦場面も殺伐たる殺し合いではない。「橋合戦」では、但馬《たじま》がただ一人橋の上で、平家の者たちが次々に射る矢を受ける。まさに矢面に立つ感じだ。「弓の上手どもが、矢さきをそろへて、さしつめひきつめ、さんぐ〳〵に射る。但馬すこしもさわがず、あがる矢をばつい潜《くぐ》り、さがる矢をばをどりこえ、向ッてくるをば長刀《なぎなた》できッて落す。かたきもみかたも見物す。それよりしてこそ、矢ぎりの但馬とは言はれけれ」。

これを音読すれば、古文アレルギーなどなくなる。どんな現代語訳も、原文の品格と勢いにはかなわない。息で語られてきただけに、言葉に息が通っている。人物の気概もすばらしい。敵も味方も見物してしまうのも、平家物語の魅力だ。生き方の美学を皆が共有していたのだ。

命よりも名(名誉)を重んじる生き方は、堂々とした気品を人に与える。「日ごろはおとにもききつらむ、いまは目にも見給へ」、「われと思はむ人ゝはよりあへや」と名乗り出て、相手を迎え討つ態度は、現実のこととは思えない劇的な生き方だ。死を覚悟しているから生の意味が際立つ。この「死生観」に、平家物語は満ちている。生があってやがて死がくる。「生死」ではなく、死を見つめての生、「死生」観。これを、「平家」を聴き、読む人々は、言葉の心地いいリズムとともに身にしみ込ませてきたのだろう。

有名な敦盛の最期も「あわれ」を教える。「たゞとく〱頸をとれ」という十七歳の若武者平敦盛。熊谷は自分の息子と同じくらいの敦盛が「あまりにいとほしくて」、どこに刀を立てていいかわからない。「なく〱頸をぞかいてンげる」が、「あはれ、弓矢とる身ほど口惜《くちおし》かりけるものはなし」と嘆き、「さめ〴〵と」泣き、出家の思いが深まった。運命《さだめ》の無情に打ちひしがれる熊谷の情感の豊かさに胸が熱くなる。

安徳天皇とともに入水するも助けられた建礼門院が後日、後白河法皇の訪問を受け、「消《きえ》も失《う》せばや(消えてしまいたい)」という「大原御幸」も忘れ難い。すべての場面が生き方を教え、生とは何かを問いかけてくる。音読で味わいたい。

日本の独特な美意識である「いき」を哲学する。なんとなく感覚としてわかってはいるけれど、はっきり定義しにくい美意識を、くっきり定義し、「構造」まで明らかにしてしまう。

この知的解剖は、「哲学はこんな柔らかいものまで料理できるんだ」という驚きを与えてくれる。

「いき」の構造
九鬼周造

「あの女の人はいきだ」とか「いきな着物の柄」といった言い方をかつての日本人はよくしていた。そこには「いき」についての共通理解があった。現在の日本人でもある程度その感覚はある。しかし、定義となると難しい。

九鬼の定義は、「垢抜《あかぬけ》して(諦)、張のある(意気地)、色っぽさ(媚態)」だ。三つの要素がしっかりと三脚のように「いき」を支えている感じがする。異性を誘いこむ色っぽさがまったくないのでは「いき」とはいえない。かといって、あからさまな媚態では、ちょっと「いき」ではない。「つやっぽさ」で異性を引きつけるが、一体化はしない張り(意気地)がある。この平行線を保つバランスが「いき」の特質だ。「これから何かが始まる」可能性を感じてドキドキする。

媚態とは、「異性間の二元的、動的可能性のままに絶対化されたもの」だ。しかもくどくなく、あっさりした感じ、どこかに軽い諦めのある大人の感じが「いき」にはある。「苦界」に沈む女たちの「諦め」が「いき」の中には溶けこんでいる。

「いき」が感覚的につかみにくい人は、四「「いき」の自然的表現」から読んでもいい。「姿勢を軽く崩す」のがいきだ。完全に左右対称では崩れがなく面白くない。裸体よりは「うすものを身に纏《まと》う」のがいき。「姿が細っそりして柳腰」、「丸顔よりも細おもて」で薄化粧が「いき」。

着物の柄でいえば、格子模様より縞《しま》模様、それも横縞よりもたて縞が「いき」だとされる。すっきりした平行線がポイント。蚊とり線香のようなぐるぐる巻きは、いきではない。

この本のクライマックスは、直方体で「いき」「さび」「雅」「きざ」などの美意識を図形的に示したところだろう。「意気—野暮」、「渋味—甘味」、「上品—下品」、「地味—派手」という対立する

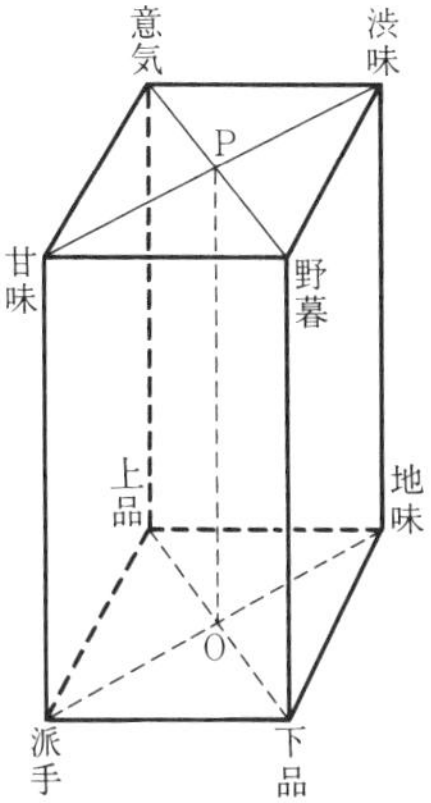

二項目の軸を、上面、底面に対角線的におく。
「雅」は上品、地味、渋味の作る三角形を底面とし、Oを頂点とする四面体、「きざ」は、派手と下品を結びつける直線、とすっきり説明される。興奮する切れ味だ。
ハイデガー、ベルクソンにみとめられた日本の哲学者がなし遂げた、小気味いい気概あふれる知の成果だ。

存在と時間

ハイデガー

二十世紀最高の哲学書だが、難解なので解説書を読んで概要を把握してからがいい。ガイドなしでチョモランマに登るのは危険だ。木田元『ハイデガー『存在と時間』の構築』など良いガイドがある。ドイツ語のニュアンスを生かした分析が多いので訳語に原語が併記されている訳や解説がわかりやすい（原書も安価）。

根本にあるのは「存在とは何か」という問いだ。個々の物（存在者）がなぜあるのか、ということではない。そもそも個々の物が「ある（存在する）」ようにさせている作用とは何かを問う。個々のあり方ではなく、「ある」とは何かが古代ギリシア以来の哲学の根本問題だ。「この世界がそもそも「ある」ってなんて不思議なんだ」という驚きが、この問いの根底にある。海があり、自分があり、宇宙がある。この「ある」っていうこと自体がすごいことだ。（セザンヌがりんごや山を堅固な存在として表現しているのも、物を「ある」ようにさせている根本的な存在作用に迫っているように私には思える。）

世界を「ある」ようにさせているのは何者か。人間だ。人間がこの宇宙を創ったということではない。岩石やダニにとっては「ある」ということは問題にならない。人間がいるから「ある」が問題になる。人間こそが存在者たちを「ある」ようにさせている、いわば「存在《ザイン》作用の場《ダー》」なのだ。

人間という言葉はあいまいなので、存在作用の場としての人間を「現存在《ダーザイン》」と呼ぶ。

　こうして「存在とは何か」という問いは、「現存在とは何か」という問いに向かう。現存在（人間）の基礎構造は、「世界内存在（In-der-Welt-sein）」とされる。世界は単一ではなく、それぞれが固有な環境世界に住み込んでいるという考えだが、この考えはユクスキュルの「ダニにはダニの世界がある」という環世界理論に通じる（『生物から見た世界』）。人間にとって世界はバラバラなものではなく、道具が相互につながり合っている（道具連関）ように、関心や気づかいによってつながっている。

　私たちが不安な気分になると世界が無意味に感じられる。私たちは世界に投げこまれつつも、自分の可能性を将来に投げかける（被投的投企）。とりわけ自分の死を意識し覚悟を定め「死に臨む存在」となったとき、根源的な時間性が現れる。過去現在未来というのっぺりした棒ではなく、私たちが時間を生み出す働きとなる。世界もそのつど生起する。宮本武蔵の世界にも通じる。スポーツや音楽でも、時間が生起する感覚を味わうときがある。そんなとき、世界はたしかに「ある」。「存在の重みは私たち自身にかかっている」という気分の高揚をもたらしてくれる本だ。

　禅のテキストである「十牛図」は、真の自己へと至るステップを指したもの。ハイデガーの思想とつながる。特に、人も牛（根源的エネルギー）もともに忘れる第八段階「人牛倶忘」と、源にたち還る第九段階「返本還源」は、存在と人間について深く考えさせられる。

死に至る病

キェルケゴール

なぜかタイトルだけが皆に知られている古典だが、自分に引きつけながら読んでみると、グッと深く内面に入り込んでくる文章に出会える実存主義の古典だ。第一編「死に至る病とは絶望のことである」を読むだけでも得るものがある。難しいところは無理せず先に進む。ところどころに「このフレーズは深い」と感じるところが出てくる。第二編「絶望は罪である」は、キリスト教の罪の概念が中心となるので非キリスト者は距離を感じるが、第一編は自分のこととして読める。

現代人は不安と絶望を内に秘めている。かつての時代よりも自由度が増した分だけ、絶望しやすくもなっている。はじめからまったく可能性がなければ絶望はしない。「絶望は可能性としての人間そのもののうちにひそんでいる」。現在の自分以外の者になろうと強く願っても自分自身でしかいられない。今のこの自分から脱け出せない、いらだちを持ちやすくなっている。自己意識が肥大化し、「自分はスペシャルな存在だ」と感じたいが、世界や世間はそう甘くない。永遠なるものを信じることができないと絶望することになる。

キェルケゴールは、人間＝精神＝自己という定式を立てる。この自己とは、「自己自身に関係するところの関係」だ。人間は自分自身に関わることができる。単にこの世に投げだされているのではなく、自ら選択し、そのつど自分を新しくすることができる。神は、「人間をいわば彼の手から解放」したため、人間が「精神としての自己」をたしかにつかめる(=絶望しない)かどうかの責任は自分にある。

乙女が恋人を失い絶望するとき、「彼女は自己自身に絶望している」。彼なき自己が、彼女にとって「苦悩」であり「空虚」であり、嫌悪するものとなる。「何かについて絶望しているのは本当は自己自身について絶望しているのであり、そこで自己自身から脱け出ようと欲するのである」。帝王(美女、富豪、セレブ)になれなければ「無」だと思う人間は、そうならなかった自分に絶望する。

「自分はまあ満足していて絶望はしていない」という人間も、キェルケゴールは逃さない。「人々は自分では非常に安全なつもりでおり、人生に非常に満足していたりする、――これこそ絶望にほかならない」。「人生の喜びや煩《わず》らいに心惑わされて、永遠的な決断のもとに自己自身を精神すなわち自己として意識するに至らずして日々を過している人」は、人生を空費している。「絶望がこのように隠されている」ことこそ絶望という病の恐ろしさだ。「自己自身を喪うという本当に一番危険なこと」が静かに自分でも気づかないうちに行なわれる。「可能性は無限だ」という考えも、「すべては決定されている」という考えも、絶望に行き着く。まずは正しく絶望し、「自己は、それが現存しているおのおのの瞬間において、生成の途上にある」と覚悟して生きることだ。

武士道

新渡戸稲造

「日本に宗教教育がないとすれば、いったいどうして道徳教育を授けるのか」という外国人の疑問をきっかけに、英文で「武士道こそが日本人の倫理、道徳心の柱である」と国際社会にアピールし、日本人の精神文化の高さを知らしめた歴史的古典だ。サムライを探して来日する外国人はまだいる。世界中で、サムライは人斬りではなく、勇気と節度を併せ持つ尊敬すべき存在となっている。精神面での日本の国際評価を上げた一書としては、源氏物語以上ではないか。源氏物語を知る外国人は多数派ではないが、サムライのイメージは知れ渡っている。

武士道は、何よりも名誉を重んじるフェアプレイの精神だ。禅を軸とした仏教は、「運命に任すという平静なる感覚」、「危険災禍に直面してのストイック的なる沈着」を武士道に寄与した。神道は、「武士の傲慢《ごうまん》なる性格」に対して清浄、平静、明澄な精神を与えた。儒教は武の魂に仁と惻隠《そくいん》の心を付与した。武術はもともとはどんな手を使っても勝ち自らが生き残ることを追求するものだ。それが「道」となり、弱者・敗者に対する思いやり、礼節を重んじるふるまい、正々堂々とした戦い方、義を命より優先し死を受け容れる切腹へと変化を遂げた。

新渡戸は、武士道を国民を動かしてきた「活力」、「運動量」として見る。「かくすればかくなるものと知りながらやむにやまれぬ大和魂」という吉田松陰の歌を引き、それが「日本民族の偽らざる告白」であり、「武士道は我が国の活動精神、運動力であったたし、また現にそうである」という。

しかし、はたして二〇一〇年代の日本において、自らの身のうちに武士道が血液のように流れるのを感じる人間がどれだけいるだろうか。原著が書かれた一八九九(明治三十二)年からも百年以上が経過し、日本人が武士道を道徳心の背骨とするのには意識的な努力が必要だ。

かつて母は子どもを叱って「これしきの痛みで泣くとは何という臆病者です!」と励まし、「時には残酷と思われるほどの厳しさをもって、親は子供の胆力《たんりょく》を錬磨した」。夜、さらし首に印をつけて帰る、といった超スパルタなる「胆を練る」方法が世に行なわれていた。時代が変わった今、私たちができることは、まず本書を皆が読むことだ。知ることから始めよう。読むときのアドバイスを一つ。臍下《せいか》丹田《たんでん》(へその下)に心を沈めるつもりで、ゆっくりと息を吐きながら読んでほしい。武の基本である「肚《はら》を練る」イメージだ。身体感覚を重ね合わせることで、文章が深く浸透してくる。

「武士道といふは、死ぬ事と見付けたり」で有名な『葉隠』参照。早く死ぬ方に片付くばかりな り、という考えは一見投げやりなようだが、覚悟を説いたもの。三島由紀夫『葉隠入門』も。『日本人の死生観』(加藤周一、ライシュ、リフトン著)からも多くを学んだ。土居健郎『「甘え」の構造』は武士道とは対極の「甘え」をテーマとした必読の日本人論。

五輪書

宮本武蔵

六十歳の宮本武蔵は、心技体の最高レベルの融合への道を説く。文字通り命懸けの剣の修行によってつかんだ極意を言葉にした。真剣勝負に敗れれば死が待つ。「兵法の道に心をかけ」、十三歳にして初めて勝負し、六十回あまりの勝負に勝ち続けたと自らいう。

キーワードは「道」。「兵法の道、朝な〱夕な〱勤《つと》めおこなふによつて、おのづから広き心に」なる。鍛練によって動きは自在となってくる。「鍛練をもつて惣躰自由《やわらか》なれば、身にても人にかち」、「心をもつても人に勝」つ。「自由《やわらか》」という言葉が新鮮だ。

この境地に至るには、「鍛練」と「工夫」と「吟味」あるのみ。地水火風空の五巻は、具体的な項目に分かれているが、各項目の締めの言葉はたいてい、「能々《よくよく》鍛練あるべし」「工夫すべし」「吟味あるべし」だ。ただ反復練習すればいいわけではない。工夫と吟味を忘れず、質を高める。同時に量も求める。水之《すいの》巻の締めの一文は、こうだ。「千日の稽古《けいこ》を鍛《たん》とし、万日の稽古を練《れん》とす。能《よく》々吟味有るべきもの也」。

『五輪書』の言葉は「知る」ためのものではなく、鍛練によって「技」として「できる」ためのものだ。この書の内容を一カ条ずつ稽古し、たえず「心に懸け」、鍛練する。「千里の道もひと足宛《ずつ》はこぶ」気持ちで、「けふはきのふの我にかち」、「少しもわきの道へ心のゆかざるやうに」する。

武蔵はいきなり禅の悟りの境地を説かない。あくまで実用的観点から、具体的工夫を合理的に説く。どんな構えであっても、敵を「きる」ことを考えよ。敵の太刀を受ける事があっても、「みな敵をきる縁なり」と心得よ。サッカーなら「ゴールへの意識を強く持て」ということだ。

「拍子(タイミング)」についても、「大小・遅速《ちそく》の拍子の中にも、あたる拍子をしり、間《ま》の拍子をしり、背《そむ》く拍子をしる事」が、兵法では重要だと、拍子を概念化して捉えている。それぞれの概念、たとえば「あたる拍子」は、自分の身体で体得しなければならない。達人の身心の現実を、丁寧に腑分けし、概念化し、修得すべき技として呈示する。達人にしかできない、この精神の作業に感銘を受ける。

「観」と「見」、二つの区別も深い。「遠き所を近く見、ちかき所を遠く見」、「敵の太刀をしり、聊かも敵の太刀を見ず」という「観の目」を強く持てと言う。「目の玉をうごかずして、両わきを見る事肝要なり」と、指導は具体的だ。

武蔵は「極意」「秘伝」のような神秘化を嫌う。かくすことはない。奥と入り口の区別はない。必要な事をやるのみ。そんな「うたがひなき心」を持つことが、私の兵法だと言う。自分で考え抜いたからこそ、「万事において、我に師匠《ししょう》なし」、「我事において後悔をせず」(「独行道」)と言えたのだ。

ツァラトゥストラはこう言った

ニーチェ

君たちは自分の生を肯定しているか。自分の生を祝祭としているか。他人をねたみ、何も創造せず他を引きずりおろそうとする卑小な存在となってはいないか。超人をめざして飛ぶ情熱の矢として生きているか。

この本を読むと、こう問いかけられ、自分の魂の奥底が火おこしでかきまぜられ、炎が燃え立つ思いがする。十数年来大学で、教師志望の学生たちと毎年この本を音読している。音読が似合う文体なのだ。気に入ったところを音読すると、自分の体の内なる力が目覚めてくる。音読した後は、学生たちの顔が生きいきとし、口調がツァラトゥストラっぽくなる。

超人とは超能力者のことではない。今の自分をつねに乗り超えてゆく者。その乗り超えをワザ化し、新たな価値を生み出す者だ。超人が誕生する精神のプロセスは、「駱駝→獅子→小児」。重荷に耐える義務の精神（駱駝）の段階をまず踏む。「汝なすべし」に従うこの段階から、義務に対して「否」という「われは欲す」の自由な精神（獅子）へと進む。そして、新しい価値を生み出す創造を遊戯として行なう存在、すべてに「然《しか》り」という全肯定の語を発する存在となる。これは無垢な小児のような精神である。

世界の背後や上空に神を仮定すると、人間の良い部分は神に吸収され、人間は自信の持てない卑小な存在となってしまう。卑屈に神の顔色をうかがうようにさせる、こうした考え方をツァラトゥストラ(ニーチェ)は、徹底的に叩く。人間が自分の肉体を大きな理性として捉え、大地に根ざす自分の生を肯定できるよう、厳しく叱りつけながら励ます。真に生徒の自立を願う、真の愛情を持つ鬼コーチのようだ。

ツァラトゥストラは精神を清め鍛える強い風だ。その風の吹く孤独な場所へ逃れよ。「のがれよ、君の孤独のなかへ」。ちっぽけな者たちの復讐から逃れよ。このメッセージは対人関係で悩む人にとって救いとなる。

第三部の永遠回帰の思想は人生観を変える。「きょうこの一日に出会ったために——わたしははじめて満足した、今までの全生涯にたいして」。死に向かってさえいおう。「これが生だったのか。よし! それならもう一度」。深い悦びの時をひとたび味わったならば、それまでのすべてを肯定したくなる。最悪なことが永遠にくり返されるとしても、あえて「よし! もう一度」という。その気概が人を超人とする。

「わたしはこの書で、これまで人類に贈られた最大の贈り物をした」(『この人を見よ』)とニーチェはいう。この言葉は誇大ではない。まさに「つるべをおろせばかならず黄金と善意とがいっぱいに汲み上げられてくる無尽蔵の泉」(同)だ。

夜と霧

フランクル

人間性とは何なのか、深く考えずにはいられなくなる本だ。三百万人のユダヤ人が虐殺されたアウシュヴィッツ強制収容所から奇跡的に生還した心理学者フランクルの記録は衝撃的だ。人間がどれほどむごいことができるのか（しかも、冷静かつ組織的に）、一方で人間がどれほど言語を絶する苛酷な状況を生き抜く力を持っているか。恐ろしい現実が読む者の心に深く入り込み、読書が体験となる。読後は生きる心構えが変わる。

アウシュヴィッツに到着後すぐに、ドイツ人将校が右手の人差指を左右にほんの少し動かして、ユダヤ人を左右に振り分けた。私（フランクル）は左に振り分けられた。「それは最初の選抜だったのだ！　すなわち存在と非存在、生と死の最初の決定であったのである」。右側に振り分けられた者（全体の九〇％）は、そのままガスかまどのある火葬場に連れていかれ殺された。

フランクルたちは、裸にされ、寝る時も上を向いて寝るスペースさえなく横向きにひっついて寝た。非人間的状況において不思議にも風邪一つひかず、傷も化膿しなかった（現在の遺伝子研究によると、飢餓状況においては長命のDNAのスイッチがオンになるらしい）。「ドストエフスキーが（『死の家の記録』において）かつて人間を定義して、すべてに慣れ得るものとした命題がどんなに正しいかを意識せざるを得ないのだった」。

異常な状況に処するのに、捨てばちなユーモア、好奇心という段階の後に「無感動の段階」がきた。「内面的な死滅が徐々に始まった」。感情を出せば、「カポー(囚人を取り締まるため囚人から選ばれた者)」の棒で一撃される。感情を殺すようになり、「無関心、無感覚」が進む。「苦悩する者、病む者、死につつある者、死者――これらすべては数週の収容所生活の後には当り前の眺めになってしまって、もはや人の心を動かすことができなくなるのである」。理由なしの殴打に対しても無感覚となる。「この無感動こそ、当時囚人の心をつつむ最も必要な装甲であった」。

しかし、無感覚だけでは生き抜けない。希望が生命維持には必要なのだ。愛する人間(妻)を心で思い描き、「精神的な像を愛しつつみつめること」で「自らを充たす」ことができる。この瞬間にはこの強い思念が重要だった(事実、妻はこの時すでに殺されていた)。

未来を信じられない人間は滅亡していった。「未来を失うと共に彼はそのよりどころを失い、内的に崩壊し身体的にも心理的にも転落した」。クリスマスと新年の間に大量の死亡者が出た。それは「クリスマスには帰れるだろう」という淡い希望が打ち砕かれたからだ。

収容所の人間を心理的に維持させるには、「未来におけるある目的点」にその人間を差し向けなければならない。「人生が彼を待っていること……が必要」なのだ。フランクルはこの極限的体験に基づいて、生きる意志を重視する実存分析理論を展開した。

おまけのプラス五〇選

マイ古典にしたい名著五〇選だけでは足りないので、プラス五〇選を簡単なコメント付きで紹介したい。計百冊でも到底入り切らない古典的名著が数多く残ってしまい、私としても心苦しいが、読者の方々にフォローしていただきたい。こちらの五〇選は人物でまとめたものもあり、多少ゆるやかに構成した。

□ 勝海舟『氷川清話』

正念場を乗り切る展望力と胆力。近代化しなければ国が滅ぶ。幕臣勝海舟はどう動いたか。基本は「人を鑑識する眼力」。「おれは、今までに恐ろしいものを二人みた。横井小楠と西郷南洲だ」、「横井の思想を、西郷の手で行なわれたら、もはやそれまでだ」。この透徹した眼力にほれて中学時代毎日、本を持ち歩いて覚えた。剣と禅が土台。『西郷南洲遺訓』、『龍馬の手紙』も。

□　吉田松陰『留魂録《りゅうこんろく》』『講孟劄記《こうもうさっき》（余話《よわ》）』

魂の教師松陰は、国難を前に獄中にあっても孟子を講じた。「至誠にして動かざる者は未だ之《これ》あらざるなり」を胆《きも》に銘じ、「千万人と雖《いへど》も吾往かん」と生涯実践。古典を技化《ワザ》し歴史を動かす古典力。古典を身につけ、生の現実を見る。密航を企て捕まる「やむにやまれぬ大和魂」。「留め置かまし大和魂」の思いは同志に届いた。海原徹『吉田松陰に学ぶ』参照。徳富蘇峰《そほう》『吉田松陰』は熱い。

□　本居宣長『うひ山ぶみ』『玉勝間』『古事記伝』

古文の勉強に『玉勝間』を読み「偉い人だ」と確信。『うひ山ぶみ』は、学問の心構え、道を説いた学問論。漢意《からごころ》を排し、「やまとたましい」をかためるのが国学。随筆『玉勝間』の「松坂の一夜」は必読。万葉の大家賀茂真淵から『古事記』注釈というミッション・インポッシブルを託される。冒頭「天地」を「あめつち」と読むだけでも難事。完成時の「古《いにし》への手ぶり言問《ことと》い聞見《ききみ》るごとし」は達人。

□　柳田国男『遠野物語』

日本民俗学の出発点。ザシキワラシや川童の話に引き込まれる。若い娘が神隠しにあい、三十年経って帰る寒戸の婆《ばば》の話は怖い。異世界と隣合わせな感じ。語り手の佐々木喜善の『聴耳草紙』と比較すると、柳田の文体は簡潔。吉本隆明『共同幻想論』参照。『山の人生』『明治大正史世相篇』も示唆的。宮本常一『忘れられた日本人』は下半身込みの日本人。

□ ハーン『日本の面影』『怪談』

ハーンの柔らかな心に写し取られた、幻のような日本。物質的に豊かなのに自殺の多い現代日本。その幸福への道がハーンを読めば見えてくる。「日本人の微笑」は、他人を不愉快にしない礼儀正しい作法だ。「盆踊り」の静かな動きは太古からの異世界との交信の作法か。深刻さに欠けている分だけ幸福。それも悪くない。「耳なし芳一」は何度読んでも新鮮。

□ 十返舎一九『東海道中膝栗毛』

「ただのおやじ也《なり》」の弥次郎兵衛と陰間《かげま》の喜多八。しょうもない二人ののんきな旅は心が安らぐ。子ども時代、風呂の底が抜ける話で大笑いした。芭蕉の奥州の旅とは対照的。東海道は渋さに欠ける。特に駿河(弥次さんの出身地、私も)は底知れぬゆるさ。深刻ばかりが古典じゃない。温泉気分で。会話は普通に読める。しりあがり寿さんの傑作弥次喜多シリーズで古典価値急上昇。

□ 井原西鶴『世間胸算用』『日本永代蔵』

大震災以降、江戸のライフスタイルが見直されている。ならば西鶴。色と金の二つの車輪で世は回る。江戸の生活・経済事情がわかる。商い上手、世渡り上手を古典に学ぶも面白い。美男で、「身過ぎに賢く、世間に疎《うと》からず」、世の為になる男などそうはいない（『永代蔵』）と「世間」を教える。「世間」が喪失しつつある今、西鶴に世間力を学びたい。石川英輔『大江戸えねるぎー事情』参照。

□ 近松門左衛門『曾根崎心中』『冥途の飛脚』『心中天の網島』

心中はいかん！　しかし、浮世の定めに恋の行く手を阻まれた男女の道行《みちゆき》は共感を呼ぶ。『曾根崎心中』、「此世のなごり。夜もなごり……我とそなたは女夫星《めおと》」の一節は小学校高学年女子に大人気だった。極限的状況で恋の炎が鮮烈に燃え上がる。芸は「虚実の皮膜の間」にある。虚構のリアリティ。心中がリアルすぎは微妙。世界的芸術、人形浄瑠璃《じょうるり》（文楽）で。

□ 歌舞伎

歌舞伎の昔風の楽しみ方は真似《まね》。好きな役者の声色《こわいろ》をまねて台詞をいう。歌舞伎の台詞はそれ自体で芸術というより、役者の身体を通した芸で心に残る。生の舞台、ＣＤ、ＤＶＤ等で独特の台詞回しに触れたい。名台詞集もある。「知らざぁ」、「絶景かな」などを幼児番組『にほんごであそぼ』で扱ったところ、大人気だった。渡辺保『女形の運命』『歌舞伎ナビ』他参照。

□能・狂言

世界に誇る芸術、能をまったく知らないのは恥。訳を読んでからなら大丈夫。霊的な存在が主人公となる夢幻能《むげんのう》の名作だけでも。『敦盛』『西行桜』『葵の上』など。この世に念《おも》いを残した亡霊の回想、弔う旅僧。夢幻能は世阿弥の画期的発明。狂言は小学生にも大人気。『柿山伏』『蚊相撲』『蝸牛』『末廣《ひろ》がり』『雷（神鳴）』は定番。『釣狐《つりぎつね》』は狂言師の力量を試す名作。個人的には、鬼瓦《おにがわら》で妻を思い出し懐かしくなる『鬼瓦』が好き。

□チェーホフ『かもめ』『桜の園』

人はそれぞれの孤独を抱えて生きる。胸に残り人生を考えてしまう戯曲。『かもめ』はハムレットが下敷だが、アレンジが独自。古典活用力。「私は――かもめ」のうつろなつぶやきは有名。『桜の園』を明け渡す日。「このちぐはぐで不幸せな暮し」。「ずれ」が複雑に絡まるのがチェーホフ。演出したスタニスラフスキーの『芸術におけるわが生涯』『俳優の仕事』も古典。

□ カエサル『ガリア戦記』『内乱記』

知性と気概。現代でも大政治家として時代をリードしただろう。展望、リーダーシップ、戦略眼。そして、運命の女神が自分にはついているという自信。こんなリーダーならやる気が出る。暗殺は皮肉。しかし必然か。ナポレオンの運命が重なる。『ナポレオン言行録』にはカエサルリスペクトが見られる。シェイクスピア『ジュリアス・シーザー』も。

□ 『孫　子』

中国・春秋時代の孫武による世界最古の兵法書。現代のマネジメント(経営)への示唆にあふれる実践の書。戦って相手をつぶして勝つのが最上ではない。「戦わずして人の兵を屈するは、善の善なる者なり」、「彼れを知り己れを知らば、百戦して殆《あや》うからず」は至言。「拙速」は良い意味。戦いは時間との戦いでもある。読めばリーダーシップが刺激される。組織術かつ交渉術。

□ バルザック『人間喜劇』

人間喜劇は作品群の総称。ダンテの『神聖喜劇(神曲)』を意識。バルザックの家に行くと膨大な人物相関図が貼ってあった。登場人物が他にも顔を出す。パリの街角のようだ。人間の本質を描きつつ、十九世紀のパリの社会史でもある。『ゴリオ爺《じい》さん』が有名。短編『知られざる傑作』はセザンヌが「あれは私だ」といった傑作。ツヴァイク『バルザック』も最高。まねしてコーヒー飲みすぎた。

□ラブレー『ガルガンチュア物語』『パンタグリュエル物語』

ガルガンチュアの幼年時代を小学生と授業でやると大爆笑になる。勉強が苦手な子のツボにはまる。「脂肉をぶるんぶるん言わせたり、お天道様めがけておしっこをしたり、雨を避けに水へ潜ったり」といった文が続き、しめは「毎朝毎朝げろを吐いたりしていたのである」。五百年前の古典で小学生が狂喜する様は壮観。世界を遊びつくす肉体の過剰なパワーが必要。「笑う人間《ホモ・リーデンス》」バフチーンのラブレー論もぜひ。

□ホイジンガ『ホモ・ルーデンス』

「遊ぶ人《ホモ・ルーデンス》」という人間観に浪人中の私は魅了された。「知の人《ホモ・サピエンス》」もいいが、遊ぶ人の方がより根元的に思えた。「すべて遊びなり」という結語に解放感を感じた。「遊びは文化よりも古い」。仕事さえも遊びたい。白川静氏のいちばん好きな漢字は遊。「遊びは神人合一の世界」だ。カイヨワ『遊びと人間』は、競争・運・模擬・眩暈《めまい》を遊びの不変の性質として提示。

□ アリストテレス『ニコマコス倫理学』『詩学』

幸福とは何か。アリストテレスの真剣な探求が胸をゆする。いかなる知識も選択も善《アガトン》を求めている。最高の善とは幸福《エウダイモニア》である。では幸福とは。享楽でも、名誉を求める政治的生活でもない。忙しい実践的活動よりも、閑暇《スコレー》を得て「観る」観想的生活《テオーレーティケー》が幸福。ならば「古池や」の俳句的観想こそ幸福。意外に近い。ラッセル『幸福論』も。『詩学』は悲劇論。カタルシス《感情の浄化》！

□ パスカル『パンセ』

「パスカルの原理」で有名な数学・物理の天才が、精神を探求する過程で刻印した断片。「考える葦」の項目には、「われわれの尊厳のすべては考えることのなかにある」、「考えることによって、私が宇宙をつつむ」とある。これほどの気概で私たちは考える行為をしたことがあるか。「人間とはいったい何という怪物だろう」、「宇宙の栄光であり、屑」。

□ トーマス・マン『魔の山』

無垢な青年をよってたかって教育する、「教育欲」あふれすぎの小説。理性を重んじる民主主義者と虚無主義者が青年の教育をめぐって火花を散らす。人生を深く考え、自己形成に燃える青年にはたまらない自己形成小説《ビルドゥングス・ロマン》だ。友だち同士の水平的なコミュニケーションでは得られない深さがある。吹雪の中で死生観を得る場面（第六章）だけでも。ようこそ「自己形成の虎の穴」へ。

□ヘッセ『車輪の下』『デミアン』『シッダルタ』

義務化した勉強が車輪のように自分を押しつぶす感覚に共感し、女性の誘惑にドキドキした『車輪の下』。次に、鳥が卵を破壊して出るように殻を壊して大きな自分を生きようとする『デミアン』へ。自分の深奥へ降り戻る力。『ユング自伝』参照。五章デミアンからのメモが魅力的。「悟る！」決意のもと、『シッダルタ』へ。あるのは現在のみ、を川から学ぶ。

□ヘーゲル『精神現象学』

「意識」という主人公が歴史の中で知的成長を遂げてゆく。哲学的自己形成物語《ビルドゥングス・ロマン》。理性的な自己意識への長い旅。意識は「否定」を重ねつつ、弁証法的に成長。知的思考力が個の自由と自立につながる。「理性とは、おのれが全存在をつらぬいている、という意識の確信である」（長谷川宏訳）。私たちの意識も歴史の産物だ。パラパラ読みでもインパクト。長谷川宏『新しいヘーゲル』参照。

□ウィトゲンシュタイン『論理哲学論考』

かっこよすぎる！「命題」という思想スタイル。思考の凝縮された命題群。透明度が高いのに底が知れない。思考の深淵。「哲学の目的は思考の論理的明晰化」。思考の限界に線を引くものは言語だ。私の言語の限界が私の世界の限界（ラッセルの解説参照）。世界は私の意志から独立。神秘は世界があるということ。謎は存在しない。命題や問いのほとんどは誤りでなく、ナンセンス。刺激的な命題群だ。

□丸山圭三郎『ソシュールの思想』

構造主義の源流ソシュールの思想に触れれば、世界観が変わる。私はこの本で「私たちは世界を言語の網の目で分節化して捉えている」と知り、母語の重要性に目覚めた。一つひとつの記号《シーニュ》に意味が内在しているのではない。差異が意味を生み、「対立が価値を生み出す」。個々の実体よりも関係が、要素より「差異の体系」が重要。関係主義的視座で視界が広がる。ユクスキュル参照。

□エイゼンシュテイン『映画の弁証法』

不朽の名作『戦艦ポチョムキン』の監督は、映画の原理と日本文化を結びつける。最重要命題は「モンタージュは衝突である」。二つのショットの「衝突」によって観念が生まれるという弁証法的映画理論は応用可能。聴覚と視覚の「闘争」としてのモンタージュ。この完成した姿を歌舞伎に見た。歌舞伎＝モンタージュは新鮮。「オデッサの階段」シーンの秘密もわかる。ゴダールも。

□ レーニン『帝国主義』

「帝国主義が社会主義革命の前夜」と序言に書かれたのは一九一七年、ロシア革命の年だ。第一次大戦は帝国主義戦争（略奪的戦争）、資本主義はひと握りの「先進」による強奪の世界体制となった。銀行資本と産業資本が融合し、この少数の金融資本が世界を分割する。穀物メジャーやリーマンショックが想起される。執筆ノートも有名。人物についてはトロツキー『レーニン』を。

□ アダム・スミス『国富論（諸国民の富）』

経済学不朽の古典。一七七六年（アメリカ独立宣言、フランス革命前夜）に、これほど体系的な経済学を確立したとは。目次だけでも威力あり。トータルさに絶句する。分業、資本の蓄積、貿易、日本の懸案国家財政まで。個人の利潤追求が市場の調整機能（見えざる手）を通じて豊かさをもたらす。皆へか、一％へか。それが問題。新自由主義は幸福をもたらすか。『道徳感情論』も。

□ トルストイ『戦争と平和』『アンナ・カレーニナ』『復活』

小学六年の時『復活』（抄訳）を「カチューシャかわいや」とのん気に口ずさんで読み始めたら、カチューシャの苛酷な運命に衝撃。『戦争と平和』はロシア版映画とセットも良し。第四部第三篇、ピエールが「生がすべてなのだ」と、この生を苦脳のなかで愛することが幸せだと認識する場面が印象的。表面で滴《しずく》が融け合う生きた地球儀のイメージは鮮烈。『アンナ・カレーニナ』のアンナ、自業自得とはいえ、切なし。

□ パール・バック『大地』

ノーベル文学賞受賞作。長編だが、まずは第一部だけでも。貧農の王龍《ワンロン》が黄家の奴隷阿蘭《アーラン》と夫婦になり、二人で土を耕して必死に働き、銀貨を一つずつ壁の穴にためていき、やがて黄家の土地を買う。経済的理由で結婚をためらっている人は必読。貧しいからこそ二人で闘うのだ。地味な働き者の阿蘭が王龍に運をもたらす。阿蘭の芯の強さが胸を打つ。

□ 『老　子』

無＝道の思想。自然の摂理を信頼し、無為に徹すれば、為さざるはなし。無為こそ万能。人為と自然の力の差を考えれば不思議ではない。柔は剛に勝つ。若芽は柔らかだが枯れれば硬くなる。「上善は水のごとし」。変形する柔らかさは最も強い。柔弱かつ母なる女性原理は、「道」＝万物の根源に通じる。案外なじみやすい。右手に『論語』、左手に老子でバランス。

□『荘《そう》　子《じ》』
世の中の有用・無用はあてにならない。「無用の用」もある。人間の価値観などは相対的だ。大空を飛ぶ大鵬から見れば人間の作った区別差別は消える。すべては斉《ひと》しい（万物斉同）と悟れば自由の境地に遊べる。蝶になる夢では、自分が蝶で蝶が自分。すべては変化の相にすぎない。庖丁《ほうてい》、井の中の蛙《かわず》、蟷螂《とうろう》の斧、朝三暮四、木鶏《もっけい》など名寓話満載。

□湯川秀樹『旅人――ある物理学者の回想』
一九四九年、日本人初のノーベル物理学賞は戦後日本の希望の光となった。読みやすいが深い。素読で未知の漢字の岩壁を登る。文学を読み、老荘にはまる。文系理系の枠はない。世界との闘いを孤独の中で続ける。未知の世界の探求に地図はない。寝床でアイディアが浮かびノートに書き込む。自分の仮説を自分でつぶす日々。ある日、光が射す。発想は思考の持続の果てにもたらされる。

□レイチェル・カーソン『沈黙の春』
東日本大震災の原発事故による放射能汚染を体験した今、読み直したい先駆的著作。海洋生物学者カーソンが一九六二年に出版。化学物質による環境破壊を指摘し、歴史の流れを変えた。私たちは「この惑星をすでに濫用《らんよう》しすぎている」（ブルックス『レイチェル・カーソン』）。批判もあるが、環境問題を常識とした功績は不滅。『センス・オブ・ワンダー』は最後の美しいメッセージ。

□ 理系の名著

科学理論は、否定され乗り越えられてゆくことを本性としているので、科学の古典は文学の古典とは性質が異なる。K・ポパーは反証可能性を科学の条件とした。反例を拒む「何でもいえる」ものは科学ではない。根本は、古代ギリシア人が確立した「証明」だ。公理(証明しようのない根本の前提)を絞り込み、その土台から一つずつ確実な論理ステップを経て定理を証明する。ユークリッドの『幾何学原論』こそ、科学の古典中の古典だ。斎藤憲『ユークリッド『原論』とは何か』参照。幾何の証明に夢中になるのが中学生の使命。プラトンの創設したアカデメイアの門には、「幾何学を知らぬ者、くぐるべからず」との額がかけられていた。文系にも必須。ウィトゲンシュタインへもつながる。インドも偉大。吉田洋一『零の発見』参照。数学が苦手だった人には秋山仁『数学流生き方の再発見』、畑村洋太郎『直観でわかる数学』も。素数は奥深い。ソートイ『素数の音楽』他。物理学は人類の達成。高校での履修三割の現状は情けない。「選択の自由」による可能性の制限。必修科目であるべき。ニュートン『プリンキピア』は読みにくくても、ニュートン力学の基本は身につけていたい。万有引力の法則は人類の宝。素粒子に質量を与えるとされるヒッグス粒子発見のニュースはドキドキ。重力の謎が解けるか。クリース『世界でもっとも美しい10の科学実験』

は、ガリレオ、ニュートン、フーコー、ラザフォードらの実験がわかりやすい。現代科学について一冊で、ということならアトキンス『ガリレオの指——現代科学を動かす10大理論』。進化・DNA・エネルギー・エントロピー・原子・対称性・量子・宇宙論・時空・算術。勉強になることばかり。ぜひとも。

□ 貝原益軒『養生訓』

健康が最大関心事の今「養生」という生き方は重要。心も身体も循環が大切。極端を避け、ほどほどで生きる。「身を慎み生を養ふ」が最重要課題。食後は散歩。「養生の術は先《まず》心気を養ふべし」。そのために、「心を和《やはら》かにし、気を平らかに」。私は二十代、気を巡らす練習に夢中だった。マスペロ『道教』、野口晴哉《はるちか》『整体入門』他も。あれこれ循環させ、上機嫌で生きたい。

□ 鴨長明『方丈記』

「ゆく河の流れは絶えずして」の後がいえない人は人生の階段を踏み外した可能性大。大震災後は天変地異体験に注目。安元の大火、治承の竜巻(地獄の業の風)、養和の飢饉(飢ゑ死ぬるもののたぐひ、数も知らず)、元暦の地震(山はくづれて河を埋《うづ》み、海は傾《かたぶ》きて陸地《くがち》をひたせり)。それでも滅びはしなかった。短いので一日で全文音読可能。

□『歎異抄』

「善人なをもて往生をとぐ、いはんや悪人をや」の逆説は有名。病気の子には親は特別世話をする。自力ではどうしようもない、他力をたのむところに阿弥陀仏の救いの手が伸びる。愚かな自分（親鸞）は法然聖人にだまされて念仏で地獄行きでも後悔はない、念仏を信じるか信じないかはあなた次第、という。やさしいようで突き放す距離感が絶妙。全文音読可能。『親鸞和讃集』もぜひ。

□『孟　子』

高校時代の国語の夏休みの課題が孟子だった。渋い。前四世紀の儒家だが、宋代の朱子により儒教正典の四書の一つになり、江戸時代には必読書。人の性は善。誰でも持つ惻隠《そくいん》（かわいそう）、羞《しゅう》悪《お》（不善をにくむ）、辞譲《じじょう》（へりくだり）、是非《ぜひ》（良い悪いの判断）の四つの心を磨けば、仁義礼智の徳に至る。「自《みずか》ら反《かえり》みて縮《なお》くんば、千万人と雖《いえど》も吾往《われゆ》かん」の勇気と惻隠・是非で、いじめ自殺根絶へ。

□『正法眼蔵《しょうぼうげんぞう》随聞記』

日本曹洞宗の開祖道元が仏法の真髄を語る肉声。『正法眼蔵』は大部だが、これなら訳注参照で大丈夫。浪人時「この心あながちに切なるもの、とげずと云《い》ふことなきなり」に勇気を得た。竿の先から「身心《しんじん》を放下《ほうげ》」して一歩を進めよ。「十方世界是《これ》全身」となる。道元は只管《ひたすら》坐れというが、言葉でヒントもくれる。身心を落として「自己をわするる」。これが仏への道。栗田勇『道元の読み方』参照。

□『コーラン』

イスラム世界は拡大し続け、世界の命運を左右する存在となった。日本人がイスラムを理解するのは世界平和につながる。謎の書と思われがちだが、井筒俊彦訳なら意味がわかる。アッラーはマホメットを通して聖俗すべてにわたって細かく指導する。離縁の際には「それ相当のものをくれてやれ」、「能力に応じて公正に振舞うのじゃ」と丁寧。「アッラーは耳敏《さと》く、一切を知り給う」。井筒俊彦『イスラーム文化』『意識と本質』『イスラーム哲学の原像』参照。

□ジョイス『ダブリンの市民(ダブリナーズ)』

二十世紀最大の問題作『ユリシーズ』は一日の「意識の流れ」を描いたが、古典引用の嵐で普通には読めない。でもこれなら大丈夫。十五の短編。気に入った一編を訳を助けに英文でも。ジョイスの原文に触れれば、学校英語の努力を回収した気分。ダブリンの閉塞した空気。麻痺した市民。生きてるのに「死者たち《ザ・デッド》」。端っこの島国同士、どこか共感できるかも。

□ プルースト『失われた時を求めて』

誉れ高くも、読了率低し。『源氏物語』と似ている。新訳をつい買ってしまうところも。長いが難解ではない。景色を味わいつつ歩き続ければたどり着く。散歩的読書習慣。意識の下に混沌としてある思い出の渦巻き。「匂いと風味」という滴《しずく》が「思い出という巨大な建造物を支える」。思い出が「ティーカップからあらわれ出」る。読むうちに自分の思い出に浸る。同じく思い出の扉を開く中勘助『銀の匙《さじ》』も。

□ ラス・カサス『インディアスの破壊についての簡潔な報告』『インディアス史』

一四九二年、コロンブスの新大陸「発見」後に何が起こったか。答えられない人は即読むべし。征服者《コンキスタドール》(スペイン人)たちによるインディオ大量殺戮《さつりく》と奴隷化だ。文明とキリスト教の名のもと、黄金搾取の欲望に駆られ、残虐な殺戮を楽しみさえした。「人類を破滅へ追いやる」非道を目撃した司教ラス・カサスは国王に事態を報告した。これが世界史の現実。詳しくは『インディアス史』。

□ ガンディー『自伝』『真の独立への道』『獄中からの手紙』

インド独立運動の核となった偉大なる魂《マハートマ》とは。非暴力・不服従は単なる戦略ではない。あらゆる生命を同一視する精神が根底にある。自己浄化による非殺生の覚悟(『ガンジー自伝』)。インド文明は道徳を強化し、西洋文明は不道徳を強化する(『道』)。不正な法律は遵守しない、これが自治の鍵。「塩の行進」は世界史最高の痛快なる達成。精神こそ力。『タゴール詩集』も。

□ キング『自由への大いなる歩み』

"I have a dream."を英語で音読したら、すぐにこの本へ。人種差別に非暴力で闘う過程に感銘を受ける。バスが黒人ですしづめでも白人専用席に座れない屈辱。バス・ボイコット運動が社会を動かす(一九五四年)。なぜ牧師がリーダーか。黒人教会は黒人が感情を吐き出せる隠れ家だった。キングの説教には感情を動かす熱があった。ガンディーの影響大。世界はつながっている。

□ フォークナー『八月の光』

白い肌に黒人の「血」のジョー・クリスマス。自分が何者か、アイデンティティがつかめず、これは俺の生き方じゃないともがく。息は苦しい。南部の偏見に反逆するもリンチを受ける。噴出した「黒い血」が白人の記憶へ昇り続ける。田舎娘リーナとの対比で孤立が際立つ。『響きと怒り』他も。体に残る重低音の響き。彼から影響を受けた中上健次の『枯木灘』他もぜひ。

□　E・H・エリクソン『幼児期と社会』

現代人の最重要ワード「アイデンティティ」の提唱者エリクソンの思想が凝縮。身体・精神・社会・歴史的存在としての統合的な人間観に、アイデンティティ・クライシス（危機）に陥っていた私は救われた。第七章「人間の八つの発達段階」だけでも一生の指針となる。自分は人生の諸段階の課題をこなして生きてきたか。猶予期間《モラトリアム》が長すぎるのも危険だ。生き方を自ら問う思想。

□　ジョージ・オーウェル『一九八四年』

どんなホラーよりも恐ろしい。自由を徹底的に奪う監視と処罰。フーコー『監獄の誕生』のパノプティコンを想起。反逆的思考だけでも〈思考警察〉によって〈思考犯罪〉とされ死刑。人間性も恋愛も奪い管理する体制。強いられる思考停止と服従。「自由は隷従なり」。これはＳＦではない。スターリン、ポルポト、現在も監視による思考統制は世界中にある。村上春樹『１Ｑ８４』は、ほっとする。フロム『自由からの逃走』も。

□　ミル『自由論』

ミルが一八五九年に示した「個人の自由の不可侵性」は、日本国憲法にも生きている。憲法は特別な法律だ。政府による個人の自由への干渉を制御する。権力はすぐに個人の自由に干渉する。ミルに感謝しなくては。思想の自由、表現の自由、団結の自由、幸福追求権。「他人に害を与えない限り個人の自由は絶対」という自由論は、権力の暴走阻止の砦。一方でロールズ他の『正義論』も視野に。

□ポー短編集

エドガー・アラン・ポーなくして少年探偵団なし。ミステリーの大河の源泉はポーの短編だ。ポーは現在の隆盛するミステリーの諸形式の原型を提示した。「黄金虫」の暗号解読。「モルグ街の殺人」の天才推理家による分析、意外な結末。「アッシャー家の崩壊」「黒猫」の暗黒的恐怖の魅力。数学的知性と文学的感性の奇跡の結合。詩人でもあるので英文でも。ミステリーがあれば生涯退屈はない。ポーに感謝。

□日本近代文学

一葉、露伴、紅葉、鷗外、漱石、藤村、芥川、志賀、谷崎、太宰、三島、川端、大江、中上、村上……。名を連ねるだけで気が遠くなる世界文学史上奇跡の山脈。宮沢賢治一人でも一冊かけて解説したい。ノーベル賞級の作品群が母語で読める幸福を深く味わいたい。今後この山脈は続くか。志士のように小説を書きたいという漱石の覚悟を持てるか。牛のように人間を押し続ける粘り。作家を生み育てるのは質の高い読者層だ。文学作品を買う人が少なければ、才能は他に流れる。とにかく本を買い、質の高い作品を賞賛すること。これが新しい古典を生み出す土台になる。日本が世界レベルの作品を生み出し続けられるかは、活字文化を一人ひとりが身のうちに不可欠のものとできるかにかかっている。情報をなぞるのではなく、言葉で自らの人生を深める。日本近代文学の森を自分の庭に。

あとがき

古典は、苦しいとき、迷ったときにこそ、力を発揮する。自分の心の中でだけ、ぐるぐると回っていても先が見えにくい。そんなとき、古典の言葉は深く入ってきて、拠りどころになってくれる。この『古典力』を書き終えていっそうこう感じるようになった。

二〇一一年の東日本大震災という大災害を経験し、日本の空気は変わった。運命を受けとめ、自分たちにできることをきちんとやっていこうという真摯さが強まった。

これは、バブル期の空気とは対照的だ。実体なく大金が流通し、やがてまさに泡のように消えたあの一時代、地道にやることがバカにされる空気さえあった。そこから経済だけでなく、ゆるんだ精神を立て直していく必要が生まれた。そうした潜在的な需要もあって、古典新訳ブームも生まれてきたかと思う。

震災はこれからもまだ起こるだろう。低成長時代も続くことが予想される。しかし、この状況は、人類の歴史の中でそれほど絶望的なものではない。運命の理不尽さに対して、なんとか生き抜いてきた人類の精神のプロセスが、古典には詰まっている。

古典は全部読まなくても、一部をパラッとめくるだけでも、気持ちと視野を大きくしてくれる。私たちの社会や人間性も歴史的な達成であり、まだ途上だということを教えてくれる。死を意識しつつも、暗くならず、前を向いて生きていく力を古典は与えてくれる。

私自身が持っている、この実感を共有したくて、この本を書いた。「古典・名著がいいのはわかっているけど、どう読んだらいいのかわからない」という人たちに実際に役に立つアプローチを紹介するよう努めた。

「何から読んでいいのかわからない」という人のために、五〇選プラス五〇選の古典的名著の読み方案内も付けた。自分で言い出したことながら、この作業はなかなかの荒行だった。不充分なところも多々あると思うので、それぞれの専門家の方々の解説書をぜひお読みいただきたい。

今回この名著案内を書くことで、私自身の人生における名著との出会いを振り返ることができた。中学・高校時代に、学校の帰りがけにいつも書店に寄って本を選んだ日々、大学で教養ある友人たちに出会い衝撃を受けた日々などなつかしく思い出された。

古典との出会いは、人生の一部になるのだ。

この本をきっかけにして、自分の古典(マイ古典)を持つ人が増えてくれることを願っている。

岩波書店編集部の小田野耕明さんのおすすめでこの本は始められた。編集過程では山川良子さんにお世話になった。ありがとうございました。

二〇一二年九月

齋藤　孝

岩波新書新赤版一〇〇〇点に際して

ひとつの時代が終わったと言われて久しい。だが、その先にいかなる時代を展望するのか、私たちはその輪郭すら描きえていない。二〇世紀から持ち越した課題の多くは、未だ解決の緒を見つけることのできないままであり、二一世紀が新たに招きよせた問題も少なくない。グローバル資本主義の浸透、憎悪の連鎖、暴力の応酬――世界は混沌として深い不安の只中にある。

現代社会においては変化が常態となり、速さと新しさに絶対的な価値が与えられた。消費社会の深化と情報技術の革命は、種々の境界を無くし、人々の生活やコミュニケーションの様式を根底から変容させてきた。ライフスタイルは多様化し、一面では個人の生き方をそれぞれが選びとる時代が始まっている。同時に、新たな格差が生まれ、様々な次元での亀裂や分断が深まっている。社会や歴史に対する意識が揺らぎ、普遍的な理念に対する根本的な懐疑や、現実を変えることへの無力感がひそかに根を張りつつある。そして生きることに誰もが困難を覚える時代が到来している。

しかし、日常生活のそれぞれの場で、自由と民主主義を獲得し実践することを通じて、私たち自身がそうした閉塞を乗り超え、希望の時代の幕開けを告げてゆくことは不可能ではあるまい。そのために、いま求められていること――それは、個と個の間で開かれた対話を積み重ねながら、人間らしく生きることの条件について一人ひとりが粘り強く思考することではないか。その営みの糧となるものが、教養に外ならないと私たちは考える。歴史とは何か、よく生きるとはいかなることか、世界そして人間はどこへ向かうべきなのか――こうした根源的な問いとの格闘が、文化と知の厚みを作り出し、個人と社会を支える基盤としての教養となった。まさにそのような教養への道案内こそ、岩波新書が創刊以来、追求してきたことである。

岩波新書は、日中戦争下の一九三八年一一月に赤版として創刊された。創刊の辞は、道義の精神に則らない日本の行動を憂慮し、批判的精神と良心的行動の欠如を戒めつつ、現代人の現代的教養を刊行の目的とする、と謳っている。以後、青版、黄版、新赤版と装いを改めながら、合計二五〇〇点余りを世に問うてきた。そして、いままた新赤版が一〇〇〇点を迎えたのを機に、人間の理性と良心への信頼を再確認し、それに裏打ちされた文化を培っていく決意を込めて、新しい装丁のもとに再出発したいと思う。一冊一冊から吹き出す新風が一人でも多くの読者の許に届くこと、そして希望ある時代への想像力を豊かにかき立てることを切に願う。

（二〇〇六年四月）

齋藤　孝

1960年静岡県生まれ
1985年東京大学法学部卒業．東京大学大学院教育学研究科博士課程を経て，
現在－明治大学文学部教授
専門－教育学，身体論，コミュニケーション論
著書－『教育力』『コミュニケーション力』『読書力』(以上，岩波新書)『声に出して読みたい日本語』(1〜6，草思社)『齋藤孝の親子で読む詩・俳句・短歌・童謡』シリーズ『齋藤孝の親子で読む古典の世界』(以上，ポプラ社)『齋藤孝のゼッタイこれだけ！名作教室』シリーズ(朝日新聞出版)『50歳からの音読入門』(海竜社)『偉人たちのブレイクスルー勉強術 ドラッカーから村上春樹まで』(文藝春秋)『三色ボールペン読み直し名作塾』(角川書店)ほか

http://www.kisc.meiji.ac.jp/~saito/

古典力　　岩波新書(新赤版)1389

2012年10月19日　第1刷発行
2012年10月25日　第2刷発行

著　者　齋藤《さいとう》　孝《たかし》

発行者　山口昭男

発行所　株式会社 岩波書店
〒101-8002 東京都千代田区一ツ橋2-5-5
案内 03-5210-4000　販売部 03-5210-4111
http://www.iwanami.co.jp/

新書編集部 03-5210-4054
http://www.iwanamishinsho.com/

印刷製本・法令印刷　カバー・半七印刷

ISBN 978-4-00-431389-2　Printed in Japan

本書で取り上げられた作品ならびに索引

（すでに品切れになっている書物も入っている．複数の文庫に入っている作品が多数あるが，網羅していない．）

あ 行

『アイヌ神謡集』知里幸恵編訳，岩波文庫，他 70
『赤毛のアン』L・M・モンゴメリ，松本侑子訳，集英社文庫，他 20, 21
『赤と黒』全2巻，スタンダール，桑原武夫・生島遼一訳，岩波文庫，他 164-165
「阿Q正伝」『阿Q正伝・狂人日記 他十二篇－吶喊』魯迅，竹内好訳，岩波文庫，他 158-159
『あしたのジョー』全12巻，高森朝雄，ちばてつや，講談社漫画文庫，他 v
『遊びと人間』ロジェ・カイヨワ，多田道太郎・塚崎幹夫訳，講談社学術文庫 210
『新しいヘーゲル』長谷川宏，講談社現代新書 212
「アッシャー家の崩壊」『黄金虫・アッシャー家の崩壊 他九篇』ポオ，八木敏雄訳，岩波文庫，他 224
『「甘え」の構造』土居健郎，弘文堂 197
『嵐が丘』全2巻，エミリー・ブロンテ，河島弘美，岩波文庫，他 100-101
『アラビアの夜の種族』古川日出男，角川文庫 97
『アラビアン・ナイト』全19巻，前嶋信次，東洋文庫 96-97
『アラビアン・ナイトの世界』前嶋信次，平凡社ライブラリー 96
『アンナ・カレーニナ』全3巻，トルストイ，中村融訳，岩波文庫，他 214, 215
『「いき」の構造 他二篇』九鬼周造，岩波文庫，他 190-191
『意識と本質－精神的東洋を索めて』井筒俊彦，岩波文庫，他 220
『イスラーム哲学の原像』井筒俊彦，岩波新書 220
『イスラーム文化－その根柢にあるもの』井筒俊彦，岩波文庫，他 220
『イタリア紀行』全3巻，ゲーテ，相良守峯訳，岩波文庫，他 76
「1Q84」『1Q84 Book 1-3』全6巻，村上春樹，新潮文庫，他 17, 18, 223

「一言芳談抄」『一言芳談』小西甚一校注，ちくま学芸文庫，他　80
「インディアス史」『ラス・カサス　インディアス史』全7巻，石原保徳編，長南実訳，岩波文庫　221
『インディアスの破壊についての簡潔な報告』ラス・カサス，染田秀藤訳，岩波文庫　221
『失われた時を求めて』全14巻，プルースト，吉川一義訳，岩波文庫，他　221
『歌よみに与ふる書』正岡子規，岩波文庫，他　11
『うひ山ぶみ』本居宣長，白石良夫全訳注，講談社学術文庫，他　205
『映画の弁証法』エイゼンシュテイン，佐々木能理男訳編，角川文庫　213
『エジプト人』全2巻，ミカ・ワルタリ，飯島淳秀訳，角川文庫　97
『エミール』全3巻，ルソー，今野一雄訳，岩波文庫，他　112
「オイディプス王」『ソポクレス　オイディプス王』藤沢令夫訳，岩波文庫，他　130-131
『大江戸えねるぎー事情』石川英輔，講談社文庫　207
「おくのほそ道」『芭蕉　おくのほそ道　付　曾良旅日記　奥細道菅菰抄』松尾芭蕉，萩原恭男校注，岩波文庫，他　152-153
『おくのほそ道』松尾芭蕉，中谷靖彦絵，齋藤孝編，ほるぷ出版　153
『女形の運命』渡辺保，三浦雅士解説，岩波現代文庫　208
『俺の考え』本田宗一郎，新潮文庫，他　42

か　行

『怪談—不思議なことの物語と研究』ラフカディオ・ハーン，平井呈一訳，岩波文庫，他　188, 206
『学問のすゝめ』福沢諭吉，岩波文庫，他　34, 118-119
「駈込み訴え」『富嶽百景・走れメロス　他八篇』太宰治，岩波文庫，他　74
『蜻蛉日記—現代語訳付き　新版』全3巻，藤原道綱母，川村裕子訳注，角川ソフィア文庫，他　85
『悲しき熱帯』全2巻，レヴィ=ストロース，川田順造訳，中公クラシックス，他　182-183
『歌舞伎ナビ』渡辺保，マガジンハウス　208
『かもめ』チェーホフ，浦雅春訳，岩波文庫，他　208

『カラマーゾフの兄弟』全5巻，ドストエフスキー，亀山郁夫訳，光文社古典新訳文庫　6, 18-19, 92-93
『ガリア戦記』カエサル，近山金次訳，岩波文庫，他　209
『ガリレオの指－現代科学を動かす10大理論』ピーター・アトキンス，斉藤隆央訳，早川書房　218
「ガルガンチュア」『ガルガンチュアとパンタグリュエル』全5巻，フランソワ・ラブレー，宮下志朗訳，ちくま文庫，他　210
『枯木灘』中上健次，河出文庫，他　222
『監獄の誕生－監視と処罰』ミシェル・フーコー，田村俶訳，新潮社　172-173, 223
『ガンジー自伝』マハトマ・ガンジー，蠟山芳郎訳，中公文庫，他　221-222
「幾何学原論」→「ユークリッド原論」
『聴耳草紙』佐々木喜善，ちくま学芸文庫　206
「きけ わだつみのこえ」『新版 きけ わだつみのこえ－日本戦没学生の手記』日本戦没学生記念会編，岩波文庫　186-187
『キャプテン翼』全21巻，高橋陽一，集英社漫画文庫，他　v
『饗宴』プラトン，久保勉訳，岩波文庫，他　140-141
『共産党宣言』マルクス，エンゲルス，大内兵衛・向坂逸郎訳，岩波文庫，他　114-115
「狂人日記」『阿Q正伝・狂人日記 他十二篇－吶喊』魯迅，竹内好訳，岩波文庫，他　159
『共同幻想論』吉本隆明，角川文庫ソフィア，他　206
『巨人の星』全11巻，梶原一騎，川崎のぼる，講談社漫画文庫，他　v
『ギリシア・ローマ神話－付 インド・北欧神話』ブルフィンチ，野上弥生子訳，岩波文庫，他　16, 132-133
『金閣寺』三島由紀夫，新潮文庫，他　13, 37
『銀の匙』中勘助，岩波文庫，他　32, 221
『〈銀の匙〉の国語授業』橋本武，岩波ジュニア新書　32
「黒猫」『黒猫・モルグ街の殺人事件 他五篇』ポオ，中野好夫訳，岩波文庫，他　224
『君主論』マキアヴェッリ，河島英昭訳，岩波文庫，他　23, 180-181
『芸術におけるわが生涯』全3巻，スタニスラフスキー，蔵原惟人・江川卓訳，岩波文庫　208
『ゲーテ格言集』ゲーテ，高橋健二訳編，新潮文庫　28

『ゲーテとの対話』全3巻，エッカーマン，山下肇訳，岩波文庫，他 65, 102
『源氏物語』全6巻，紫式部，山岸徳平校注，岩波文庫，他 28, 44, 94-95, 196, 221
「言志録」『言志四録』全4巻，佐藤一斎，川上正光全訳注，講談社学術文庫，他 56
「幸福論」『ラッセル幸福論』安藤貞雄訳，岩波文庫，他 211
『講孟箚記』全2巻，吉田松陰，近藤啓吾全訳注，講談社学術文庫，他 205
『コーラン』全3巻，井筒俊彦訳，岩波文庫，他 96, 220
「黄金虫」『黄金虫・アッシャー家の崩壊 他九篇』ポオ，八木敏雄訳，岩波文庫，他 224
「古今集」『古今和歌集』佐伯梅友校注，岩波文庫，他 11
「獄中からの手紙」『ガンディー 獄中からの手紙』森本達雄訳，岩波文庫，他 221
『告白』全3巻，ルソー，桑原武夫訳，岩波文庫，他 165
『国富論』全4巻，アダム・スミス，水田洋監訳，杉山忠平訳，岩波文庫，他 214
『古事記』倉野憲司校注，岩波文庫，他 128-129, 205
『古事記伝』全4巻，本居宣長撰，倉野憲司校訂，岩波文庫，他 205
『ゴッホの手紙』全3巻，硲伊之助訳，岩波文庫，他 154-155
『この人を見よ』ニーチェ，手塚富雄訳，岩波文庫，他 201
『ゴリオ爺さん』バルザック，平岡篤頼訳，新潮文庫，他 209
『五輪書』宮本武蔵，渡辺一郎校注，岩波文庫，他 198-199

さ 行

『西郷南洲遺訓 附 手抄言志録及遺文』西郷隆盛，山田済斎編，岩波文庫，他 204
「西国立志編」→「自助論」
『桜の園』チェーホフ，小野理子訳，岩波文庫，他 208
「実朝」『モオツァルト・無常という事』小林秀雄，新潮文庫 82
『シーシュポスの神話』カミュ，清水徹訳，新潮文庫 131, 163
「詩学」『アリストテレース詩学 ホラーティウス詩論』松本仁助・岡道男訳，岩波文庫，他 131, 211
『史記』全7巻，司馬遷，小竹文夫・小竹武夫訳，ちくま学芸文庫，

『史記列伝』全5巻，司馬遷，小川環樹・今鷹真・福島吉彦訳，岩波文庫，他 28, 29, 134-135
『史記―中国古代の人びと』貝塚茂樹，中公新書 135
『詩経―中国の古代歌謡』白川静，中公文庫 BIBLIO，他 61-63
『自助論』サミュエル・スマイルズ，竹内均訳，三笠書房，他 119
『シッダルタ』ヘルマン・ヘッセ，手塚富雄訳，岩波文庫，他 212
『死に至る病』キェルケゴール，斎藤信治訳，岩波文庫，他 44, 194-195
『司馬遷―史記の世界』武田泰淳，講談社文芸文庫 135
「資本論」『マルクス資本論』全9巻，エンゲルス編，向坂逸郎訳，岩波文庫，他 114
『社会契約論』ルソー，桑原武夫・前川貞次郎訳，岩波文庫，他 112-113
『社会認識の歩み』内田義彦，岩波新書 23
『車輪の下』ヘルマン・ヘッセ，実吉捷郎訳，岩波文庫，他 212
『ジャン・クリストフ』全4巻，ロマン・ローラン，豊島与志雄訳，岩波文庫，他 30
『自由からの逃走』エーリッヒ・フロム，日高六郎訳，東京創元社 223
『自由への大いなる歩み―非暴力で闘った黒人たち』M・L・キング，雪山慶正訳，岩波新書 222
『自由論』J・S・ミル，塩尻公明・木村健康訳，岩波文庫，他 223
『種の起原』全2巻，ダーウィン，八杉龍一訳，岩波文庫，他 116-117
『ジュリアス・シーザー』シェイクスピア，中野好夫訳，岩波文庫，他 20, 34, 69, 209
『春琴抄』谷崎潤一郎，新潮文庫，他 35
『正法眼蔵』全4巻，道元，水野弥穂子校注，岩波文庫，他 219
『正法眼蔵随聞記』懐奘編，和辻哲郎校訂，岩波文庫，他 219
「書経」『新釈漢文大系』25・26，明治書院 60
『職業としての学問』マックス・ウェーバー，尾高邦雄訳，岩波文庫，他 175
『職業としての政治』マックス・ヴェーバー，脇圭平訳，岩波文庫，他 175
『知られざる傑作 他五篇』バルザック，水野亮訳，岩波文庫，他 209

『城』フランツ・カフカ，前田敬作訳，新潮文庫 163
「神曲」『ダンテ神曲』全3巻，山川丙三郎訳，岩波文庫，他 209
「心中天の網島」『曽根崎心中 冥途の飛脚 心中天の網島−現代語訳付き』近松門左衛門，諏訪春雄訳注，角川ソフィア文庫，他 207
「神聖喜劇」→「神曲」
『真の独立への道−ヒンド・スワラージ』M・K・ガーンディー，田中敏雄訳，岩波文庫 221
『親鸞和讃集』名畑應順校注，ワイド版岩波文庫，他 219
『数学流生き方の再発見−数学嫌いに贈る応援歌』秋山仁，中公新書 217
『スポーツマン金太郎 完全版』全9巻，寺田ヒロオ，マンガショップ，他 iv
『スラムダンク』全31巻，井上雄彦，集英社 v
『星界の報告 他一篇』ガリレオ・ガリレイ，山田慶児・谷泰訳，岩波文庫 110-111
『正義論』ジョン・ロールズ，川本隆史・福間聡・神島裕子訳，紀伊國屋書店 224
「聖書(旧約・新約・福音書)」『旧約聖書 机上版』全4巻，旧約聖書翻訳委員会訳，岩波書店.『新約聖書』新約聖書翻訳委員会訳，岩波書店.『新約聖書 福音書』塚本虎二訳，岩波文庫，他 16, 126-127
『精神現象学』全2巻，G・W・F・ヘーゲル，樫山欽四郎訳，平凡社ライブラリー，他 212
「精神分析入門」『精神分析学入門』全2巻，フロイト，懸田克躬訳，中公クラシックス，他 122-123
『整体入門』野口晴哉，ちくま文庫 218
『生物から見た世界』ユクスキュル，クリサート，日高敏隆・羽田節子訳，岩波文庫，他 120-121
『世界でもっとも美しい10の科学実験』ロバート・P・クリース，青木薫訳，日経BP社 217
『世間胸算用・万の文反古・東海道中膝栗毛(日本の古典をよむ18)』神保五彌・中村幸彦・棚橋正博訳，小学館，他 207
『零の発見−数学の生い立ち』吉田洋一，岩波新書 217
『一九八四年 新訳版』ジョージ・オーウェル，高橋和久訳，ハヤカワepi文庫，他 17, 223
『センス・オブ・ワンダー』レイチェル・カーソン，上遠恵子訳，新

潮社　217
『戦争と平和』全6巻，トルストイ，藤沼貴訳，岩波文庫，他　30, 214
「セント・ヘレナ日記」『セント・ヘレナ日記抄』ラス・カーズ編，小宮正弘訳，潮出版社　165
『千夜一夜物語 バートン版』全11巻，バートン，大場正史訳，ちくま文庫　97
『荘子』全4巻，金谷治訳注，岩波文庫，他　216
『ソクラテスの弁明 クリトン』プラトン，久保勉訳，岩波文庫，他　iii
『ソシュールの思想』丸山圭三郎，岩波書店　213
『素数の音楽』マーカス・デュ・ソートイ，冨永星訳，新潮クレスト・ブックス　217
「曽根崎心中」『曾根崎心中・冥途の飛脚 他五篇』近松門左衛門，祐田善雄校注，岩波文庫，他　207
『それから』夏目漱石，岩波文庫，他　34
『存在と時間』全3巻，ハイデガー，桑木務訳，岩波文庫，他　192-193
「孫子」『新訂 孫子』金谷治訳注，岩波文庫，他　42, 181, 209

た　行

『大地』全4巻，パール・バック，小野寺健訳，岩波文庫，他　215
『たけくらべ−樋口一葉名作選』(音読CD) 幸田弘子朗読，キングレコード　38
「タゴール詩集」『ギタンジャリ−歌のささげもの タゴール詩集』ロビンドロナト・タゴール，川名澄訳，風媒社　222
『旅人−ある物理学者の回想』湯川秀樹，角川ソフィア文庫　216
『ダブリンの市民』ジョイス，結城英雄訳，岩波文庫，他　220
『玉勝間』全2巻，本居宣長，村岡典嗣校訂，岩波文庫，他　205
『歎異抄』金子大栄校注，岩波文庫，他　219
『知覚の現象学』モーリス・メルロ=ポンティ，中島盛夫訳，法政大学出版局，他　121
『地下室の手記』ドストエフスキー，江川卓訳，新潮文庫，他　92
『父・こんなこと』幸田文，新潮文庫　38
『直観でわかる数学』畑村洋太郎，岩波書店　217
『沈黙の春』レイチェル・カーソン，青樹簗一訳，新潮文庫　216

『ツァラトゥストラはこう言った』全2巻，ニーチェ，氷上英廣訳，岩波文庫，他 200-201
『罪と罰』全3巻，ドストエフスキー，江川卓訳，岩波文庫，他 13, 37, 127, 160-161
「徒然草」『新訂 徒然草』西尾実・安良岡康作校注，岩波文庫，他 33, 83, 84, 148-149
「徒然草」『モオツァルト・無常という事』小林秀雄，新潮文庫 82-84
『帝国主義』レーニン，宇高基輔訳，岩波文庫，他 214
「弟子」『山月記・李陵 他九篇』中島敦，岩波文庫，他 139
『デミアン』ヘルマン・ヘッセ，実吉捷郎訳，岩波文庫，他 212
『テルマエ・ロマエ』ヤマザキマリ，エンターブレイン 26
『天文対話』全2巻，ガリレオ・ガリレイ，青木靖三訳，岩波文庫 111
『東海道中膝栗毛』全2巻，十返舎一九，麻生磯次校注，岩波文庫，他 29, 206
『道教』アンリ・マスペロ，川勝義雄訳，平凡社ライブラリー 218
『道元の読み方―今を生き切る哲学『正法眼蔵』』栗田勇，祥伝社黄金文庫 220
『道徳感情論』全2巻，アダム・スミス，水田洋訳，岩波文庫，他 214
『童謡』1-2，吉行淳之介，ねむの木学園の子どもたち絵，集英社文庫 39
「遠野物語」『遠野物語・山の人生』柳田国男，岩波文庫，他 205
「独行道」『五輪書』鎌田茂雄，講談社学術文庫 199
『読書について 他二篇』ショウペンハウエル，斎藤忍随訳，岩波文庫 119
『ドストエフスキー』江川卓，岩波新書 161
「吶喊」→「阿Q正伝」
『ドラえもん』藤子・A・不二雄，小学館 172
『ドン・キホーテ』全6巻，セルバンテス，牛島信明訳，岩波文庫，他 104-105

な 行

『内乱記』カエサル，国原吉之助訳，講談社学術文庫 209
『灘校・伝説の国語授業―本物の思考力が身につくスローリーディン

グ』橋本武，宝島社 32
『謎とき『カラマーゾフの兄弟』』江川卓，新潮選書 93
『謎とき『罪と罰』』江川卓，新潮選書 161
『ナポレオン言行録』O・オブリ編，大塚幸男訳，岩波文庫，他 209
「ニコマコス倫理学」『アリストテレス ニコマコス倫理学』全2巻，高田三郎訳，岩波文庫，他 211
「日本永代蔵」『新版 日本永代蔵－現代語訳付き』井原西鶴，堀切実訳注，角川ソフィア文庫，他 207
『日本書紀』全5巻，坂本太郎・家永三郎・井上光貞・大野晋校注，岩波文庫，他 128
『日本人の死生観』全2巻，加藤周一，M・ライシュ，R・J・リフトン，矢島翠訳，岩波新書 197
「日本の面影」『新編 日本の面影』ラフカディオ・ハーン，池田雅之訳，角川ソフィア文庫 206
「人間喜劇」→「ゴリオ爺さん」，「知られざる傑作」
『人間不平等起原論』ルソー，本田喜代治・平岡昇訳，岩波文庫，他 112

は 行

『ハイデガー『存在と時間』の構築』木田元編著，岩波現代文庫 192
『俳優の仕事』1〜3部，コンスタンチン・スタニスラフスキー，岩田貴・堀江新二・浦雅春・安達紀子訳，未来社，他 208
『葉隠』全3巻，山本常朝，和辻哲郎・古川哲史校訂，岩波文庫，他 197
『葉隠入門』三島由紀夫，新潮文庫，他 197
「走れメロス」『富嶽百景・走れメロス 他八篇』太宰治，岩波文庫，他 14
『八月の光』フォークナー，加島祥造訳，新潮文庫 222
「花鏡」『風姿花伝・花鏡』世阿弥，小西甚一編訳，タチバナ教養文庫，他 178
『ハムレット』シェイクスピア，野島秀勝訳，岩波文庫，他 34, 37
『バルザック』シュテファン・ツヴァイク，水野亮訳，早川書房 210
『パンセ』全2巻，パスカル，前田陽一・由木康訳，中公クラシックス，他 211

「**パンタグリュエル**」『ガルガンチュアとパンタグリュエル』全5巻，フランソワ・ラブレー，宮下志朗訳，ちくま文庫，他 210
「**ビーグル号航海記**」『ビーグル号世界周航記－ダーウィンは何をみたか』チャールズ・ロバート・ダーウィン，荒川秀俊訳，講談社学術文庫，他 116
『**氷川清話**』勝海舟，江藤淳・松浦玲編，講談社学術文庫，他 31, 204
『**響きと怒り**』全2巻，フォークナー，平石貴樹・新納卓也訳，岩波文庫，他 222
『**百年の孤独**』ガブリエル・ガルシア=マルケス，鼓直訳，新潮社 30, 97, 98-99
『**ファウスト**』全2巻，ゲーテ，相良守峯訳，岩波文庫，他 37, 72, 78, 102-103
『**風姿花伝**(花伝書)』世阿弥，野上豊一郎・西尾実校訂，岩波文庫，他 178-179
「**福翁自伝**」『新訂 福翁自伝』福沢諭吉，富田正文校訂，岩波文庫，他 144-145
『**武士道**』新渡戸稲造，矢内原忠雄訳，岩波文庫，他 44, 196-197
『**復活**』全2巻，トルストイ，木村浩訳，新潮文庫，他 214
『**ブッダのことば**－スッタニパータ』中村元訳，岩波文庫 166-167
『**ブッダの真理のことば・感興のことば**』中村元訳，岩波文庫 167
『**フランクリン自伝**』松本慎一・西川正身訳，岩波文庫，他 146-147
「**プリンキピア**」『世界の名著26 ニュートン』中央公論社 217
『**プロテスタンティズムの倫理と資本主義の精神**』マックス・ヴェーバー，大塚久雄訳，岩波文庫，他 ii-iii, 174-175
『**平家物語**』全4巻，梶原正昭・山下宏明校注，岩波文庫，他 29, 40, 85-86, 188-189
「**平家物語**」『モオツァルト・無常という事』小林秀雄，新潮文庫 82
「**変身**」『変身・断食芸人』カフカ，山下肇・山下萬里訳，岩波文庫，他 162-163
「**傍観者の時代**」『ドラッカー名著集12 傍観者の時代』P・F・ドラッカー，上田惇生訳，ダイヤモンド社 177
「**方丈記**」『新訂 方丈記』鴨長明，市古貞次校注，岩波文庫，他 84-85, 218

『方法序説』デカルト，谷川多佳子訳，岩波文庫，他　iii, 108-109
『星の王子さま』サン=テグジュペリ，内藤濯訳，岩波少年文庫，他　31
『ホモ・ルーデンス』ホイジンガ，高橋英夫訳，中公文庫　210

ま　行

『マクベス』シェイクスピア，福田恆存訳，新潮文庫，他　168-169
『枕草子』池田亀鑑校訂，岩波文庫，他　33, 84-85, 150-151
「マネジメント―課題，責任，実践」『ドラッカー名著集 13-15』全 3 巻，P・F・ドラッカー，上田惇生訳，ダイヤモンド社　44, 176-177
「マネジメント【エッセンシャル版】」『マネジメント―基本と原則』P・F・ドラッカー，上田惇生編訳，ダイヤモンド社　177
『魔の山』全 2 巻，トーマス・マン，関泰祐・望月市恵訳，岩波文庫，他　211
「真夜中の弥次さん喜多さん」『合本 真夜中の弥次さん喜多さん』しりあがり寿，マガジンハウス　29
「万葉集」『新訂 新訓万葉集』全 2 巻，佐佐木信綱編，岩波文庫，他　11, 136-137
「万葉集」『21 世紀によむ日本の古典 2 万葉集』古橋信孝，ポプラ社　137
『万葉秀歌』全 2 巻，斎藤茂吉，岩波新書　137
「耳なし芳一」→「怪談」
「民約論」→「社会契約論」
「無常という事」『モオツァルト・無常という事』小林秀雄，新潮文庫　80
『村上春樹とドストエーフスキイ』横尾和博，近代文芸社　19
『明治大正史世相篇』柳田國男，中公クラシックス，他　206
「冥途の飛脚」『曾根崎心中・冥途の飛脚 他五篇』近松門左衛門，祐田善雄校注，岩波文庫，他　207
『孟子』全 2 巻，小林勝人訳注，岩波文庫，他　219
『もし高校野球の女子マネージャーがドラッカーの『マネジメント』を読んだら』岩崎夏海，ダイヤモンド社　176
「モルグ街の殺人」『黒猫・モルグ街の殺人事件 他五篇』ポオ，中野好夫訳，岩波文庫，他　224

や 行

『弥次喜多 in DEEP』全8巻，しりあがり寿，エンターブレイン 29
『野生の思考』クロード・レヴィ・ストロース，大橋保夫訳，みすず書房 182
「山の人生」『遠野物語・山の人生』柳田国男，岩波文庫，他 206
『ユークリッド原論 追補版』ユークリッド，中村幸四郎・寺阪英孝・伊東俊太郎・池田美恵訳，共立出版 4, 217
『ユークリッド『原論』とは何か―二千年読みつがれた数学の古典』斎藤憲，岩波科学ライブラリー 217
『ユリシーズ』全4巻，ジェイムズ・ジョイス，丸谷才一・永川玲二・高松雄一訳，集英社文庫，他 220
『ユング自伝―思い出・夢・思想』全2巻，C・G・ユング，河合隼雄ほか共訳，みすず書房 123, 212
『陽気なギャングが地球を回す』伊坂幸太郎，祥伝社文庫 19
『幼児期と社会』全2巻，エリク・ホーンブルガー・エリクソン，仁科弥生訳，みすず書房 223
「養生訓」『養生訓・和俗童子訓』貝原益軒，石川謙校訂，岩波文庫，他 218
『吉田松陰』徳富蘇峰，岩波文庫 205
『吉田松陰に学ぶ―現代に語りかける叡智』海原徹，ミネルヴァ書房 205
『夜と霧―ドイツ強制収容所の体験記録』V・E・フランクル，霜山徳爾訳，みすず書房 202-203

ら 行

「ラブレー論」『フランソワ・ラブレーの作品と中世・ルネッサンスの民衆文化』ミハイール・バフチーン，川端香男里訳，せりか書房 210
『リア王』シェイクスピア，野島秀勝訳，岩波文庫，他 20
「留魂録」『吉田松陰 留魂録』古川薫全訳注，講談社学術文庫，他 205
『龍馬の手紙―坂本龍馬全書簡集・関係文書・詠草』坂本龍馬，宮地佐一郎，講談社学術文庫，他 204
「李陵」『山月記・李陵 他九篇』中島敦，岩波文庫，他 135
『レイチェル・カーソン』ポール・ブルックス，上遠恵子訳，新潮社

216
『レーニン』レフ・トロツキー，森田成也訳，光文社古典新訳文庫，他 214
『老子』蜂屋邦夫訳注，岩波文庫，他 215
『ローマ帝国衰亡史』全 10 巻，エドワード・ギボン，中野好夫訳，ちくま学芸文庫 20
『論語』金谷治訳注，岩波文庫，他 4, 16, 31, 41, 48-54, 58, 60, 138-139, 147, 215
『論語と算盤』渋沢栄一，角川ソフィア文庫 50
『論語物語』下村湖人，講談社学術文庫，他 139
『論理哲学論考』ウィトゲンシュタイン，野矢茂樹訳，岩波文庫，他 212

わ 行

『わがいのち月明に燃ゆ』林尹夫，ちくま文庫 186
『若きウェルテルの悩み』ゲーテ，竹山道雄訳，岩波文庫，他 76
『忘れられた日本人』宮本常一，岩波文庫，他 206